U0541437

# 中国宗教学的现状与展望

## 宗教学"三大体系"建设的基础与始点

卓新平 主编

中国社会科学出版社

# 图书在版编目（CIP）数据

中国宗教学的现状与展望：宗教学"三大体系"建设的基础与始点/卓新平主编.—北京：中国社会科学出版社，2023.7（2024.1 重印）

ISBN 978-7-5227-1846-0

Ⅰ.①中… Ⅱ.①卓… Ⅲ.①宗教学—研究—中国 Ⅳ.①B929.2

中国国家版本馆 CIP 数据核字（2023）第 069526 号

| 出 版 人 | 赵剑英 |
|---|---|
| 责任编辑 | 孙　萍　涂世斌 |
| 责任校对 | 冯英爽 |
| 责任印制 | 王　超 |
| 出　　版 | 中国社会科学出版社 |
| 社　　址 | 北京鼓楼西大街甲 158 号 |
| 邮　　编 | 100720 |
| 网　　址 | http://www.csspw.cn |
| 发 行 部 | 010-84083685 |
| 门 市 部 | 010-84029450 |
| 经　　销 | 新华书店及其他书店 |
| 印刷装订 | 北京明恒达印务有限公司 |
| 版　　次 | 2023 年 7 月第 1 版 |
| 印　　次 | 2024 年 1 月第 2 次印刷 |
| 开　　本 | 710×1000　1/16 |
| 印　　张 | 14.5 |
| 插　　页 | 2 |
| 字　　数 | 182 千字 |
| 定　　价 | 68.00 元 |

凡购买中国社会科学出版社图书，如有质量问题请与本社营销中心联系调换
电话：010-84083683
版权所有　侵权必究

**撰稿人：** 曾传辉　晏可佳　张志刚　张风雷　张雪松
　　　　　盖建民　游　斌　李　林　傅有德　邱永辉
　　　　　张桥贵　孙浩然　卓新平

# 前　　言

　　2019年年底，由笔者牵头的国家社科基金专项重大项目"新时代中国特色宗教学基本理论问题研究"（批准号19VXK05）立项。本项目旨在积极响应习近平总书记关于开展中国哲学社会科学学科体系、学术体系、话语体系这"三大体系"建设的指示精神，并且在对中国宗教学"三大体系"建设中得以具体落实。为了这一研究的有效推进，国家社科基金在2020年给我们布置了"十四五"宗教学调研任务，主要是对"十三五"时期中国宗教学的发展及其成果加以回顾和总结，对"十四五"时期中国宗教学的规划及研究课题加以构设和建议。由此，我们组织了中国宗教学各个领域的相关学者来协同合作，完成了上述"十四五"宗教学调研报告。

　　这一调研报告的精简版约5万字，已编入《中国特色哲学社会科学发展报告——"十三五"回顾与"十四五"展望》一书出版。中国宗教学当前处于其生存与发展的关键之处，其学科意义的重要性不言而喻，需要唤起社会对之加以高度重视和积极支持。因此我们将本调研报告的原稿加以修改充实，作为其扩充版而以《中国宗教学的现状与展望——宗教学"三大体系"建设的基础与始点》为题以专著的形式来面世。这样，本书乃基于上述"十四五"宗教学调研报告，在此作为"新时代中国特色宗教学基本理论问题研究"（批准号19VXK05）课题的阶段性成果出版。

本书的初稿由众多学者撰写，其中第一章"马克思主义宗教观研究"由曾传辉撰写，第二章"宗教学学科建设及现状研究"由晏可佳撰写，第三章"宗教哲学研究"由张志刚撰写，第四章"佛教研究"由张风雷、张雪松撰写，第五章"道教及民间宗教研究"由盖建民撰写，第六章"基督教研究"由游斌撰写，第七章"伊斯兰教研究"由李林撰写，第八章"其他宗教研究"由傅有德（负责犹太教研究）、邱永辉（负责印度教研究）撰写，第九章"中国少数民族宗教与边疆地区宗教研究"由张桥贵、孙浩然撰写，第十章"'十四五'时期宗教学发展前瞻"由卓新平撰写。卓新平负责各章的修改、压缩和补充，以及全书统稿工作。其统稿原则是将全书内容分设为两大部分，其中已立项的研究课题及已经完成的学术成果置于"十三五"时期（2016—2020年）之内，所介绍的学者也基本上以在各高校及研究机构等在岗人员为主；而对"十四五"时期的课题规划设想建议则按照宗教学各分支学科及其研究领域来构设，是一种前瞻、展望和期盼，即以之作为今后努力的目标和方向。

分析中国宗教学的现状，对之加以前景展望，是我们开展中国宗教学"三大体系"建设的基础，也是我们迈入"新时代"学科发展的始点。我们应全力以赴来促进"十四五"时期中国宗教学学科的全新发展和学术创新，形成我们在世界学术界的发言权和话语体系。对我们而言，这任重道远却义不容辞。

本课题得到了国家社科基金的大力支持，中国社会科学院世界宗教研究所科研处苏冠安等同人为课题实施起到了积极的协调作用，本书出版则得到了中国社会科学出版社的热情帮助，特在此向大家表示诚挚的谢意！

卓新平<br>
2021年6月

# 目　录

导　论 …………………………………………………………（001）

## 第一章　马克思主义宗教观研究 …………………………（005）
一　本领域过去五年的研究成果 ……………………………（005）
二　本领域重要学者的介绍 …………………………………（011）
三　本领域有哪些需要关注的问题 …………………………（015）
四　"十四五"规划本领域研究重点课题建议 ……………（019）

## 第二章　宗教学学科建设及现状研究 ……………………（022）
一　"十三五"时期宗教学研究的基本状况 ………………（022）
二　重要进展、主要成绩、代表性人物和成果 ……………（024）
三　研究现状 …………………………………………………（076）
四　关于"十四五"时期宗教研究的若干设想 ……………（084）

## 第三章　宗教哲学研究 ……………………………………（086）
一　"十三五"时期的主要研究成果 ………………………（086）
二　"十四五"科研规划建议 ………………………………（089）

三　宗教中国化研究 ……………………………………… (090)

## 第四章　佛教研究 ………………………………………… (095)
　　一　佛教专业科研队伍 …………………………………… (095)
　　二　"十三五"时期佛教专业代表性成果 ……………… (098)
　　三　"十四五"时期重点选题建议 ……………………… (101)

## 第五章　道教及民间宗教研究 …………………………… (107)
　　一　当前道教及民间宗教研究发展的基本状况 ………… (108)
　　二　道教及民间宗教研究"十三五"时期取得的成果 … (111)
　　三　道教及民间宗教研究"十四五"规划重点课题
　　　　设计 …………………………………………………… (116)

## 第六章　基督教研究 ……………………………………… (120)
　　一　学科队伍建设 ………………………………………… (120)
　　二　本领域需要关注的问题 ……………………………… (129)
　　三　"十四五"规划本领域研究重要问题、重点课题
　　　　建议 …………………………………………………… (132)

## 第七章　伊斯兰教研究 …………………………………… (137)
　　一　近五年来伊斯兰教研究学科主要课题与成果 ……… (137)
　　二　近五年来伊斯兰教研究学科发展态势与主要问题 … (149)
　　三　"十四五"规划应考虑的十个重点选题 …………… (156)

## 第八章　其他宗教研究 …………………………………（166）
一　犹太教研究 ……………………………………………（166）
二　印度教研究 ……………………………………………（175）

## 第九章　中国少数民族宗教与边疆地区宗教研究 ………（182）
一　中国少数民族宗教的学科理论建设 …………………（183）
二　中国少数民族原始宗教文化研究 ……………………（186）
三　中国少数民族民间宗教文化研究 ……………………（189）
四　中国少数民族宗教文献的翻译、整理与研究 ………（193）
五　中国少数民族的佛教文化研究 ………………………（196）
六　中国少数民族的道教文化与儒教文化研究 …………（200）
七　中国少数民族基督教研究 ……………………………（201）
八　中国少数民族的伊斯兰教研究 ………………………（203）

## 第十章　"十四五"时期宗教学发展前瞻 …………………（206）
一　需要深化和拓展的重要研究领域、方向和范围 ……（208）
二　重点研究课题构设 ……………………………………（210）

# 导　论

宗教学在"十三五"时期不断开拓、积极创新，在党的十九大精神指引下取得了巨大进展，推出了许多学术成果，因而为"十四五"时期我国宗教学的继续顺利发展奠定了重要基础。中国宗教学的现状是我们未来继续开拓的基础和处境，因此颇值回顾与总结。这五年来中国社会对宗教学的有力推动及其相关成果的取得，直接受益于党和国家在当代改革开放发展中的重大举措，其中有两件大事至关重要。

一是2016年4月22日至23日全国宗教工作会议的召开，习近平总书记在这次会议上做出了重要指示，提出在新形势下，我们要坚持和发展中国特色社会主义宗教理论，全面贯彻党的宗教工作基本方针，分析我国宗教工作形势，研究我国宗教工作面临的新情况新问题，全面提高宗教工作水平，更好组织和凝聚广大信教群众同全国人民一道，为实现"两个一百年"奋斗目标、实现中华民族伟大复兴的中国梦而奋斗；而"积极引导宗教与社会主义社会相适应"则是我党宗教工作的根本目的。习近平总书记强调，做好党的宗教工作、把这一基本方针坚持好，关键是要在"导"上想得深、看得透、把得准，做到"导"之有方、"导"之有力、"导"之有效，牢牢掌握宗教工作主动权。这样，强调对我国宗教的积极引导，我们宗教学研究发展就有了非常明确的目的和方向。

二是2016年5月17日习近平总书记在哲学社会科学工作座谈会上发表重要讲话，特别指出"要加快完善对哲学社会科学具有支撑作用的学科，如哲学、历史学、经济学、政治学、法学、社会学、民族学、新闻学、人口学、宗教学、心理学等，打造具有中国特色和普遍意义的学科体系"[①]。习近平总书记在这些具有支撑作用的重要学科中专门提到了宗教学，这是对我们全面开展宗教学研究、积极推动这一学科发展的明确肯定，因此也是对我们努力创建具有中国特色的宗教学学科体系的热情鼓励和巨大动力。习近平总书记在这一重要讲话中特别提到了中国特色哲学社会科学的构建，指出"要按照立足中国、借鉴国外，挖掘历史、把握当代，关怀人类、面向未来的思路，着力构建中国特色哲学社会科学，在指导思想、学科体系、学术体系、话语体系等方面充分体现中国特色、中国风格、中国气派"[②]。因此，中国特色宗教学"学科体系、学术体系、话语体系"这三大体系的建设，已成为我们"十四五"时期宗教学发展的重大使命。

中国特色宗教学的学科体系有其明确的政治定位。习近平总书记指出："坚持马克思主义为指导，是当代中国哲学社会科学区别于其他哲学社会科学的根本标志，必须旗帜鲜明加以坚持。"[③] 所以，当前中国宗教学学科体系的发展必须以马克思主义为指导，这

---

① 《习近平谈治国理政》（第2卷），外文出版社2017年版，第345页。
② 《习近平谈治国理政》（第2卷），外文出版社2017年版，第338页。
③ 习近平：《在哲学社会科学工作座谈会上的讲话》，人民出版社2016年版，第8页。

是我们的基本立场和核心定论,也是与其他宗教学的根本区别,体现出中国宗教学的典型特色。西方宗教学发轫于比较神话学和基督教神学,经历了从神学到人文学的发展演变,而作为宗教学的独立学科体系则需要持有客观、中立、科学的立场,不以任何宗教信仰为前提或依据,而其研究方法则应该是比较的、对话的、开放的,不能独尊或偏爱任何一种宗教。然而,由于西方社会及其历史文化背景,西方宗教学却又很难彻底摆脱宗教的影响,虽然其研究宗教的学者很多,但不持任何宗教信仰思想的学者却是凤毛麟角。西方宗教学的创立者马克斯·缪勒和美国宗教学哈佛学派的创始者史密斯都曾有着使宗教学脱离神学院框架而成为独立的人文学科之发展的愿望,而这种"独立性"也只能是相对而言。目前世界范围的宗教学研究有着"人满之患"的壮观之景,与"门可罗雀"的哲学研究形成鲜明对照,但国外研究宗教者仍以宗教信仰者为多。因此,中国宗教学的学科体系摆脱任何宗教信仰的影响、不可隶属于任何宗教社团,就是其学科定位的基本原则及典型特色。中国特色宗教学体系只能是马克思主义宗教学体系,有着其鲜明的科学、客观、无神论定位。

中国宗教学的学术体系则必须充分展示其中国学术特色,即要体现出中国社会的问题意识和中华优秀文化的典型色彩。既然是中国学术,就应该有"中国味"、形成"中国风"。这种中国学术风格的彰显才能被人们所关注,只有高扬中国学术意义方可获得世人瞩目的普遍意义。这样,中国宗教学术体系应积极弘扬中国优秀传统文化,基于中华学术资源的发掘、运用。中国宗教学的学术体系就应该基于中华优秀文化基因,必须对中华优秀思想文化加以继承和高扬。所以,中国宗教学术体系应该凸显其"中国心",体现其"中华情"。

中国特色的宗教学话语体系自然应该是"中国声音",要表达出"中国好声音"。我们中国宗教学话语体系的构建虽然可以借鉴西方宗教学的经验,但必须"讲自己的话""走自己的路",也就是要按照习近平总书记所指出的"解决中国的问题,提出解决人类问题的中国方案",这样就要"坚持中国人的世界观、方法论"。[①] 中国宗教学话语体系从根本而言不是"借鉴",而必须是"原创"。这种"原创"一方面要体现基于中华文化智慧的"独创性"和"开拓性",另一方面则需要有中国社会处境的"境遇性"和"时代性"。由此而言,中国特色的宗教学话语体系要有中国语言系统的自我意识,突出其中文及其话语词汇的"主体性"和"个殊性"。

目前我们已经步入2021年,这是我们总结"十三五"时期宗教学重要进展、主要成绩,科学研判和评估"十四五"时期宗教学发展趋势及学科方向的关键时刻。为此,根据中国宗教学发展的要求,基于我们最近推出的调研报告,我们将对宗教学各个领域在"十三五"时期的发展成就、相关代表人物及学术成果加以回顾总结,对本学科研究现状及其存在问题和薄弱环节加以分析探讨,弄清中国宗教学创新体系建设的当下基础,找准其未来发展的可能始点,对"十四五"时期本学科学术前沿及发展趋势加以展望预测,对宗教学"三大体系"建设提出构想,为之建议并擘画宗教学今后需要进一步深化和拓展的相关重要研究领域、方向、范围,并相应设计一些颇值研究的重点课题,以便能为有关部门实施推动"十四五"时期中国哲学社会科学的发展提供科学咨询和参考建议,为当代中国宗教学的稳健前行贡献我们的力量。

---

[①] 习近平:《在哲学社会科学工作座谈会上的讲话》,人民出版社2016年版,第19页。

# 第一章

# 马克思主义宗教观研究

## 一 本领域过去五年的研究成果

2016年至2020年这五年在当代中国历史上具有特殊重要的意义。2018年，中国改革开放进入40周年的历史时刻。党的十八大以来，以习近平同志为核心的党中央科学把握国内外发展大势，顺应实践要求和人民愿望，推动党和国家事业发生历史性变革，领导人民取得改革开放和社会主义现代化建设的历史性成就。在宗教工作方面，随着改革开放的深入发展，宗教信仰自由政策得到全面落实，国际国内宗教形势发生了深刻的变化，形成了很多新的特征，这就迫切需要从新的历史方位、新的时代坐标，科学认识和全面把握客观实际，与时俱进地推动中国特色社会主义宗教理论发展，在全面贯彻宗教工作基本方针的基础上，对宗教工作的重点难点做出新的战略部署。

在"十三五"时期，中国宗教工作领域有一些重要发展值得我们特别关注，因为其方向和基调的敲定直接指导并影响着整个中国宗教学的发展走向、理论探究和实践运用。而且这些重大举措与马克思主义宗教观的研究有着密切关联，为我们创立和发展马克思主义宗教学提供了理论指导和实践启迪。所以说，这些重要发展有着巨大的现实意义，也会在中国当代宗教学相关研究中得以体现。

从其发展的时间顺序来看，首先值得关注的是全国宗教工作会议的召开。2016年4月22日至23日，中央召开了全国宗教工作会议，习近平总书记在会上发表了重要讲话。此次全国宗教工作会议的召开距上次会议时隔了15年之久，有许多新的思想见解和理论表述，因此是我国马克思主义宗教观发展史上一次具有里程碑意义的历史事件。

随之是《宗教事务条例》修订后的发布。2016年9月，为了进一步增强立法的公开性和透明性，提高立法质量，国务院法制办公室发布了《宗教事务条例修订草案（送审稿）》并广泛向社会各界征求意见。以马克思主义为指导并结合中国当代社会主义社会的国情，《宗教事务条例修订草案（送审稿）》明确了宗教事务的基本准则，并对宗教团体、宗教院校、宗教活动场所、宗教教职人员、宗教活动、宗教财产以及法律责任等方面也做出了明确的规定。2017年8月，新修订的《宗教事务条例》发布，并于2018年2月1日起施行。

在中国共产党的政治建设上，其重大进展则是2016年11月《关于新形势下党内政治生活的若干准则》的发布实行。其中特别强调了，"党员不准搞封建迷信，不准信仰宗教，不准参与邪教，不准纵容和支持宗教极端势力、民族分裂势力、暴力恐怖势力及其活动"[①]。这是对中国共产党党员党性的强调及相应规定，对党的建

---

① 《关于新形势下党内政治生活的若干准则》，《人民日报》2016年11月3日。

设具有重要推动作用。

在"十三五"时期,中国共产党历史发展的一件大事,则是2017年10月党的十九大的胜利召开,这标志着中国社会发展进入一个新时代,亦标明新时代中国特色社会主义思想理论体系得以构建。而且,十九大精神对我国民族宗教工作也具有重大现实指导意义。习近平总书记在十九大报告中指出,民族宗教工作要创新推进,宗教工作是新时代中国特色社会主义思想和基本战略的重要组成部分,强调"全面贯彻党的宗教工作基本方针,坚持我国宗教的中国化方向,积极引导宗教与社会主义社会相适应",并且要"严密防范和坚决打击各种渗透颠覆破坏活动、暴力恐怖活动、民族分裂活动、宗教极端活动"。[①] 这一充满辩证智慧的指导精神对我国新时代宗教工作具有重要的理论价值和现实意义。

这一系列重大进展有力推动了中国宗教学领域马克思主义宗教观研究的发展。2016年1月至2020年12月,马克思主义宗教观基本理论研究和应用研究这两方面都取得了明显的发展和喜人的成就。马克思主义宗教观方面约有数百余篇学术论文得以公开发表,而且专业性强,学术观点新颖,引起了学界的普遍关注和好评。这一领域在"十三五"时期出版的相关专著、译著、论文集和研究报告也很多,现简单介绍如下。

---

① 习近平:《决胜全面建成小康社会 夺取新时代中国特色社会主义伟大胜利——在中国共产党第十九次全国代表大会上的报告》,人民出版社2017年版,第40、49—50页。

## （一）中国学者的研究著作

（1）《马克思恩格斯列宁论宗教著作精选和导读》，由国家宗教事务局宗教研究中心所编，宗教文化出版社2016年出版，为贯彻落实全国宗教工作会议精神干部教育培训之用书。

（2）《民族宗教工作的坚持与探索》，朱维群著，四川人民出版社2016年出版。本书主要精选了四五十篇作者以往发表的有关民族宗教问题的文章、讲话和访谈等。

（3）《马克思主义宗教观概论》，王来法主编，浙江大学出版社2016年出版，是面向青年学生而编写的马克思主义宗教理论读本。

（4）《马克思主义宗教观研究（2014）》，曾传辉主编，社会科学文献出版社2017年出版。本集刊收录了以2014年在马克思主义宗教观研讨会上发表的论文为主的二十余篇研究成果。

（5）《马克思主义经典作家关于宗教的基本观点研究》，卓新平主编，人民出版社2017年出版。本书主要内容包括马克思主义经典作家宗教观的发展，马克思主义经典作家关于宗教的基本观点及中外学者关于马克思主义宗教观的主要争论等。

（6）《宗教理论前沿》，晏可佳主编，上海社会科学院出版社2017年出版。本书为相关学者的论文汇编，主要概括和介绍了2010—2014年我国宗教理论的若干前沿问题，集中展示了我国宗教研究理论的最新进展。

（7）《马克思主义无神论研究》（第3辑·2013），习五一主编，中国社会科学出版社2017年出版，为2013年汇编的相关论文集。

（8）《中国宗教法治研究报告（2016）》，冯玉军主编，中国人民大学出版社2018年出版。本书探析了国内外宗教事务法治化的状况，针对一些具体的宗教事务进行了梳理，为全面提高宗教工作法治化水平提出了建议。

（9）《"马克思主义祖国观、民族观、宗教观、文化观教育概论"课教学体系探索》，葛数金主编，四川大学出版社2018年出版。本书为面向西藏高校大学生开设的上述"四观"教育课程的教材。

（10）《大学生马克思主义宗教观教育研究——以文化安全为视角》，赵子林著，社会科学文献出版社2018年出版。该书对大学生的思想信仰进行了调查研究，并针对大学生宗教观教育的具体措施提出了相关建议。

（11）《多元和谐的中国宗教》，叶小文著，外文出版社2018年出版，其英文版 *Pluralism and Harmony in the Religions of China* 由刘易斯（Clark Martin Lewis）所译。本书以中外思想的碰撞为例，用理性客观的表述系统阐述了数千年来中国宗教的发展。

（12）《完善党的宗教政策研究》，何虎生著，中国人民大学出版社2018年出版。该书阐述了中国共产党的宗教政策及其理论，就我国宗教政策面临的挑战及其对策进行了系统研究。

（13）《马克思主义无神论研究》（第5辑·2015），习五一主编，中国社会科学出版社2017年出版，为2015年汇编的相关论文集。

（14）《马克思恩格斯宗教观的当代阐释》，秦秋著，宗教文化出版社2018年出版，论及马克思恩格斯宗教观的形成与发展、其宗教观的当代阐释及其方法论研究等。

（15）《科学与无神论文集》（学部委员专题文集），杜继文著，中国社会科学出版社2014年出版。

（16）《中国特色社会主义宗教理论读本》，本书编写组编，宗教文化出版社2019年出版。

（17）《马克思主义宗教观研究》（2017），曾传辉主编，社会科学文献出版社2019年出版，为2017年汇编的相关论文集。

（18）《马克思主义无神论研究》（第2辑·2012），习五一主编，中国社会科学出版社2019年出版，为2012年汇编的相关论文集。

（19）《科学无神论》（第二辑），习五一主编，中国社会科学出版社2019年出版，为相关论文汇编。

（20）《经典与实践：论马克思主义宗教学》，卓新平著，中国社会科学出版社2020年出版，从经典研读与实践探索两个方面对马克思主义宗教学的基本蕴涵及重要意义展开研究。

（21）《唯真与求实：马克思主义宗教观中国化之探》，卓新平著，中国社会科学出版社2020年出版，论述了从中国共产党创立时的宗教理论到习近平新时代中国特色社会主义宗教理论的发展历程。

（22）《马克思、恩格斯、列宁对无神论的阐释及当代意义研究》，陈发扬著，吉林大学出版社2020年出版，分六个方面对马克思主义无神论的发展、具体内容和深刻蕴涵，以及当代意义等展开了系统阐述。

## （二）相关译著

（1）《无神论——穿越两千年的混沌与矛盾》，［日］竹下节子著,于雷译,中国友谊出版公司 2016 年出版。

(2)《无神论》,[苏]卢卡启夫斯基著,谭辅之译,上海社会科学院出版社 2017 年出版。

(3)《马克思主义与宗教:一种对马克思批判基督教的描述和评估》,[英]戴维·麦克莱伦著,林进平、林育川、谢可晟译,天津人民出版社 2018 年出版。"该书简练而又不乏深刻地梳理、勾勒了 1987 年之前马克思主义与宗教(主要是基督教)之间展开的思想生成、关系史和对话史"①,是一项西方马克思主义宗教观研究的重要成果。

(4)《无神论》(中英双语),[英]巴吉尼著,付满译,译林出版社 2018 年出版。

(5)《基督教中的无神论》,[德]恩斯特·布洛赫著,梦海译,中国社会科学出版社 2018 年出版。

(6)《与神作战:古代世界的无神论》,[英]蒂姆·惠特马什著,陈愉秉译,社会科学文献出版社 2020 年出版。

应该说,上述著译的研究范围比较宽泛,涉及的内容既有直接研究马克思主义宗教观的成果,也有与之相关联或作为其社会历史背景的研究。

## 二 本领域重要学者的介绍

五年来,中国的马克思主义宗教观研究付出了巨大努力,取得

---

① [英]戴维·麦克莱伦:《马克思主义与宗教:一种对马克思批判基督教的描述和评估》,林进平、林育川、谢可晟译,天津人民出版社 2018 年版,第 8 页。

了一定成果，但其研究队伍也有着滑坡的现象，需要特别注意，以加强其队伍建设。就专业的研究机构而言，马克思主义宗教观的专门研究机构少且规模小。目前专业的研究机构只有中国社会科学院世界宗教研究所马克思主义宗教观研究室和四川大学道教与宗教文化研究所马克思主义宗教观研究中心（非实体）。此外，无神论研究是马克思主义宗教观研究的一体两面。国内的无神论研究机构，有中国社会科学院马克思主义研究院无神论研究室和马克思主义研究院无神论研究中心（非实体）。中国无神论学会是全国性的学会，集结了中国对无神论研究有兴趣的学者。

另外，全国各高校、社会科学院、党校等机构内，有大量的马克思主义研究院、学院等机构，其中也有学者涉及马克思主义宗教观的研究，此外还有各级党校、行政学院、社会主义学院等机构，也有少量学者在研究。这些研究机构的学者起到了积极表率作用，他们近几年发表了不少关于马克思主义宗教观的研究文章。当然，上述学者们对马克思主义宗教观亦有不同理解或解读，有着积极的学术商讨及争鸣。而真正把握好马克思主义宗教观的关键则应该是认真研究马克思主义经典作家的原典著作，结合当代中国社会主义社会的国情而推动马克思主义宗教观的中国化及创新发展。而青年学者的研究还需积极努力，有待提升和加强才能逐渐接过中国马克思主义宗教观研究的接力棒。

从上述学术成果来看，当前中国马克思主义宗教观和无神论研究还有巨大潜力可挖，需要继续努力，才能有效支撑中国的马克思主义宗教观研究及其学术发展。就目前仍在研究机构及高等院校等工作岗位的学者而言，大致包括中国社会科学院世界宗教研究所的卓新平、唐晓峰、曾传辉和黄奎，其中卓新平曾为中共中央马克思恩格斯列宁斯大林著作编译局负责组织的"马克思主义经典著作基本观点研究"课题中"马克思主义经典作家论宗教"子课题的首席专家，著有《马克思主义宗教观探究》（2013）、《马克思主义经典作家关于宗教的基本观点研究》（2017）、《经典与实践：论马克思主义宗教学》（2020）、《唯真与求实：马克思主义宗教观中国化之探》等著作及相关论文，主编《马克思主义研究论丛·宗教观研究》（2007）、《论马克思主义宗教观》（2009）、《马克思主义宗教观研究（第1辑·2011）》（2013）、《马克思主义宗教观研究（第2辑·2012）》（2014）等文集，负责"马克思主义宗教学理论学科体系、学术体系、话语体系"等课题；唐晓峰主编有《马克思恩格斯列宁论宗教》（2010）和《马克思恩格斯列宁斯大林论宗教》（2013）等；曾传辉曾任马克思主义宗教观研究室主任，主编有《马克思主义宗教观研究（2013）》（2015）、《马克思主义宗教观研究（2014）》（2017）、《马克思主义宗教观研究（2017）》（2019）等，负责"马克思主义宗教学概论"等课题；中国社会科学院马克思主义研究院的龚云、黄艳红等；全国政协的叶小文，著有《宗教七日谈》（2009）、《中国破解宗教问题的理论创新和实践探索》（2014）和《多元和谐的中国宗教》（2018），主编《和谐社会的宗教论》（2010），负责"马克思主义宗教学"课题等；中央党校的蒲长春等；中央社会主义学院的潘岳、沈桂萍、王珍、左鹏等，其中王珍著有《科学无神论中学生读本》（2004）、《科学无神论大学生读本》（2004）、《马克思恩格斯宗教思想研究》（2006）、《东西方无神论哲学思想研究》（2010）等；中央文献研究室的毛胜，负责有"习近平总书记宗教观研究"课题等；中央统战部的王作安、张训谋、加润国，其中王作安著有《面向新世纪的中国宗教和宗教工作》（2000）、《中国的宗教问题和宗教政策》（2010），主编《宗教工作基础知识》（1991）等，张训谋负责有"新时代宗教工作贯彻'导'的重要思想研究"课题等，加润国参与了编辑《马克思恩格斯列宁论宗教》等；北京大学的张志刚、聂锦芳，张志刚负责"'宗教中国化'的基础理论建构"课题等，聂锦芳则在马克思主义原典研究上独树一帜，是其"文本研究学派"的代表人物，相关成果颇多；中央民族大学的宫玉宽，编有《马克思主义宗教观研究资料选编》（2008），负责"习近平关于我国宗教坚持中国化方向思想研究"课题等；中国人民大学的何虎生，著有《中国共产党的宗教政策研究》（2004）等，负责"中国特色社会主义宗教理论体系研究"课题等；上海社会科学院宗教研究所的晏可佳，著有"完善地方性宗教法规的建设，进一步推进宗教社会功能的正常发挥"（2004年上海社会发展蓝皮书）等；河南社会科学院社会发展研究所的牛苏林，著有《马克思恩格斯的宗教理解》（2002）等；南京大学的王月清，负责"中国共产党宗教理论发展与治理创新研究"课题等；四川大学的闵丽，负责"新修订《宗教事务条例》与我国宗教治理现状研究"课题等；辽宁大学的叔贵峰；常熟理工学院的徐志坚；公安大学的戴继诚；武汉大学的黄超；西北民族大学的马福元，编有《马克思恩格斯论阿拉伯文化》（2005）；青岛农业大学的秦秋，著有《马克思恩格斯宗教观的当代阐释》（2018）等，以及其他高校及研究机构的相关学者等。这些学者积极表率，以坚持"双百"方针来展开学术研究和理论探讨，不断有成果推出。他们近几年发表了不少关于马克思主义宗教观的研究专著及文章，有力推动了"十三五"时期中国马克思主义宗教观研究的发展。

当然，上述学者们对马克思主义宗教观亦有不同理解或解读，有着积极的学术商讨及争鸣。而真正把握好马克思主义宗教观的关键则应该是认真研究马克思主义经典作家的原典著作,结合当代中国社会主义社会的国情及工作实践来推动马克思主义宗教观的中国化及创新发展。而青年学者们的研究还需积极努力,有待系统训练和深入钻研,使中国马克思主义宗教观研究得以持续发展。

总体而言,中国马克思主义宗教观的研究队伍建设还有待加强,目前相关人员过于分散,多数学者并不在马克思主义宗教观的研究领域工作,故而其学术涉猎还不是严格意义上的专业研究,其中大量的论文也是在马克思主义与当代中国宗教与宗教工作课题结合之下才推出的成果。

## 三 本领域有哪些需要关注的问题

从这一学科领域的优势来看,马克思主义是社会主义中国的主流意识形态,尤其是在以习近平同志为核心的党中央领导下,在中国特色社会主义新时代背景下,党和国家对巩固马克思主义主流意识形态的地位抓得实,抓得紧,抓得有力,形成了以马克思主义为指导的中国学术界的重要定位;对于反马克思主义的各种思潮和各种理论层面的有神论思想也进行了严厉的揭露与批判,对为宗教去中国化和为其极端化辩护的所谓"研究"及那些偏离客观、科学的研究立场,直接或间接为有神论鼓与呼的思潮,都应加以坚决抵制和严厉批评。在这种大背景下,马克思主义宗教观的研究获得了比以前更为宽广的学术空间,使更多的学者敢于发出声音,批评社会上出现的各种不正确的立场及观点,强调要以马克思主义的立场、观点和方法来研究宗教，批判神学唯心主义。这是我们的时代优势。从事马克思主义宗教观研究的学者，坚信正义必胜，真理必将彰显，因此环境再困难，大家的研究都能坚持不懈地做下去，决不放弃，继续努力。在这一研究领域必须要体现出真正的马克思主义精神，而这种精神则鼓励着老一辈和新一代马克思主义宗教观研究的学人，精诚团结，为坚持真理而奋斗，形成我们继承发扬马克思主义宗教观的精神优势。

　　从学术发展来看，马克思主义宗教观的研究则必须理论联系实际、不忘初心、与时俱进，使这一研究得以构建起科学、认真、严谨的学科体系、学术体系和话语体系。"不忘初心"就要求我们认真、系统、全面地研读马克思主义经典作家关于宗教问题的科学阐述，形成全面系统、认真仔细读原著的良好学风，做到言之有据、言之有理，而不可对之采取浮光掠影、蜻蜓点水、随心所欲、任意割断的轻率态度；就必须回到马克思主义经典作家论述宗教的社会处境、时代背景之中，认清马克思主义对宗教与社会关系及其关联的看法、明白马克思主义从社会来论宗教本质的重要创见，坚持历史唯物主义和辩证唯物主义的立场、观点和方法，决不可脱离其时空背景、历史条件而对马克思主义经典作家关于宗教的论述及其社会关联来加以随意发挥、隔断时空、不问因果、断章取义。"与时俱进"则要结合时代变迁、中国社会的发展变化，尤其是当前的世情国情来推动马克思主义宗教观的创新发展，形成中国特色社会主义的宗教理论，构建中国特色马克思主义宗教学。中国共产党的宗教工作基本方针明确指出要"全面贯彻党的宗教信仰自由政策，依法管理宗教事务，坚持独立自主自办的原则，积极引导宗教与社会主义社会相适应"，习近平总书记还特别强调，其关键是要在"导"

## 第一章　马克思主义宗教观研究

上想得深、看得透、把得准，做到"导"之有方、"导"之有力、"导"之有效。这种积极引导当然就是应该用社会主义核心价值观来引导和教育广大宗教界人士和信教群众，意识到做宗教工作就是做群众工作，这样方能牢牢掌握宗教工作的主动权，形成中国特色的马克思主义宗教观。于此，马克思主义宗教观及其中国特色的话语体系建设就至关重要。所以说，马克思主义宗教观的系统、全面、深入研究对当代中国学人来说仍然是任重而道远，我们必须要有使命意识、大局意识、时代意识，真正建设好当代中国马克思主义宗教学的学科、学术及话语体系，形成我们在国际学术界的重要发言权及核心学术地位。

但从这一学科领域的当下处境来看也存有一些问题。可以说，目前中国马克思主义宗教观研究领域，从其机构设置、人才队伍建设、经费支持、学术环境等诸多方面，都仍然有众多的困难和挑战。马克思主义宗教观研究工作的核心任务，是以马克思主义为指导来研究宗教，包括对无神论的科学研究。但是，我国作为一个社会主义的大国，有近 2 亿信教人口，明显有着研究面大、任务繁重的现实情况，而与马克思主义宗教观相关的专门研究机构目前仍较少，且缺乏统筹的优势。没有深入、透彻的研究，就很难制定科学、正确的政策举措。因此，加强马克思主义宗教观的研究乃当务之急。本来，一方面，中国有众多马克思主义学院，有各级党校和社会主义学院，理应有着良好的研究环境及条件。但事实上，这些研究机构的马克思主义宗教观研究并不理想，其问题意识也不集中，成果少且深度不够，相关认知比较浮躁、肤浅，很难满足时代的需要。因此，其研究在今后无论是其硬件还是软件上都应该得到加强。目前这一方面的研究，集中在中国社会科学院的两个研究室，其研究也尚不系统，而其他机构的相关研究则比较分散，只有一些零散的成果，形不成相应的研究规模。

另一方面，中国目前已有大量的宗教学研究机构，这些机构理所当然要用马克思主义来指导其宗教学研究，自然也应承担起马克思主义宗教观本身研究这一重任，将马克思主义的思想指导落实在其具体学术研究上，并应有着对马克思主义宗教观本身的系统研究。但是从总体来看，这些机构研究马克思主义宗教观的力量仍然不强，相关课题也比较少，特别是在如何坚持以马克思主义宗教观的指导去研究宗教上分歧较大，观点不一，未达成共识；这都成为我们当前学科建设的现实问题。这也是新时代中国马克思主义宗教观研究所面临的一个巨大挑战。这些实情说明，中国当前马克思主义宗教观研究机构的设置有待加强，以便更好地推动中国特色的马克思主义宗教观研究。

此外，目前人才队伍断档也很严重，尤其是专门研究马克思主义宗教观的中青年学者奇缺。如果今后马克思主义宗教观的研究力量不能及时得以加强，则很难满足我国当前以马克思主义为指导所从事的宗教工作及学术研究的需要。近年来，随着各地、各级马克思主义研究机构的建立，马克思主义宗教观研究的学术环境已经有所改善，但尚未根本扭转。我们一定要在以习近平同志为核心的党中央领导下，以饱满的热情、积极的姿态和严肃的学术担当来进入新时代，努力开拓、创新，与时俱进，研究新问题，提出新思路，推动新发展，创立新学说，积极参与建设和完善马克思主义宗教观研究领域的"三大体系"，即创建我们中国独树一帜、与众不同的学科体系、学术体系和话语体系，以全面推动中国特色的马克思主义宗教观研究发展。

## 四 "十四五"规划本领域研究重点课题建议

鉴于马克思主义宗教观的研究基础、学术发展逻辑和服务于党政实际工作的需要,建议设立以下重点课题:

**1. 马克思主义宗教学的"三个体系"建设**

什么是马克思主义宗教学的学科体系、学术体系和话语体系,这是当前值得认真研究的重要问题,对其探究需要系统性、全面性和整体性,故而应以重大研究课题的方式来推动其科学展开。

**2. 马克思主义宗教学原理**

这一研究基于对马克思主义宗教学基本问题的探讨,涉及其理论核心、基本框架、逻辑关联、问题意识、学科范围、研究方法等方面,需要作为重大课题来对之进行研究。

**3. 积极引导我国宗教中国化的理论与实践**

我国宗教坚持中国化方向,这是习近平总书记对我国当前宗教发展提出的要求,而积极推动我国宗教沿着中国化方向发展则是中国宗教研究学术界义不容辞的任务。其探究涉及理论和实践两大方面,既有对历史的反思,又有对现状的调研,还需对未来的展望和擘画,因此也应该以重大课题的方式来展开研究。

**4. 苏联宗教学与无神论研究**

苏联是世界上第一个社会主义国家，在其发展过程中曾形成宗教学研究及无神论研究，有过广泛影响，其发展对中国的宗教研究与无神论研究更是有过直接而深入的影响。其相关研究及其结论究竟有哪些经验教训值得我们吸取和鉴别，是值得我们认真思考和探讨的，故此有必要开展这一课题。

**5. 马克思主义宗教学的理论来源**

马克思主义理论体系有其丰富的思想来源，这对于马克思主义宗教学而言同样如此，所以，以历史唯物主义的态度来对马克思主义宗教学的各种理论展开溯源之探，亦是应该重点探究的课题。

**6. 中国无神论史重要人物和问题研究**

中国无神论的历史发展留下了丰富的资源，值得我们认真发掘和研究思考，建议对其相关重要人物的生平及思想加以系统梳理整理，以形成无神论研究的重要资料库。对其研究同时还需要有敏锐的问题意识，应该抓住其中的重大问题来展开重点课题研究。

**7. 西方马克思主义重要人物宗教观研究**

马克思主义在西方也得到一定程度的延续和发展，同时也出现了一些值得注意的嬗变，建议对马克思主义经典作家之后出现的西方马克思主义重要人物展开探究，其研究重点则在于其多种多样的宗教观呈现及其社会影响。

**8. 马克思主义视域下的宗教与环保思想研究**

宗教与环保的关系在世界出现生态危机之后重新得到关注，出现了各种生态保护的思想学说，其中有不少内容与宗教相关，因此有必要基于马克思主义的视域及观点和方法来展开对宗教与环保相关的思想研究。

**9. 马克思主义视域下的科学与宗教研究**

科学与宗教的关系问题一直是人们特别关注却颇有分歧的议题，迄今仍未得到有效解决，随着自然科学在当代新的发展及新的发现，科学与宗教之思考重新成为人们议论的热点话题，所以，很有必要从马克思主义的视域来重新探究科学与宗教的关系问题。

**10. 西方宗教学研究与马克思主义宗教学建设**

作为学科性的宗教学研究起源于19世纪下半叶的西方学术界，当时其宗教社会学理论等曾受到马克思主义的启迪和影响。因此，对西方宗教学的历史发展及其研究方法加以系统探索，以此思考和建设马克思主义宗教学，可以获得这一学科的历史感及科学感，使之立于厚重的学术资源基础之上。马克思主义宗教学应该有着对西方宗教学的审视、借鉴、批判和扬弃，由此而得以脱颖而出、创新发展。

# 第 二 章

# 宗教学学科建设及现状研究

## 一 "十三五"时期宗教学研究的基本状况

"十三五"时期,宗教学基础理论仍主要集中在高校和社科研究机构。在综合性高等院校中,"建制性"的教研机构(如宗教学系等)发挥了基础性学科平台建设的作用。一方面,为政府部门、高校、党校、社科院,以及其他科研机构输送了大量经过系统宗教学培训的人才;另一方面,自身也是诸多宗教学研究的领军人才的大本营,形成了一批既具有学术价值,又在宗教学理论方面有所突破的重要的研究成果。

社会科学研究机构的研究重点则是"智库导向"。"十三五"时期,中国社会科学院世界宗教研究所和上海社会科学院宗教研究所等都有宗教学领域的"智库"功能,此外,北京大学、复旦大学等高校宗教研究院所也发挥了其"智库"的作用,特别是围绕"国家高端智库试点单位"项目、国家重大项目"宗教渗透与国家意识形态安全"、创新工程"中国宗教和民族热点问题研究"、"一带一路与宗教"等,与政府各部门保持密切合作,在"咨政育人"方面发挥了重要的作用。

在应用研究方面，近年来，一些依托高校科研资源的智库型"研究基地"也是异军突起，如复旦大学的"宗教与中国国家安全研究建设项目"，以宗教和国际关系为主轴，形成大量有质量、高水平的研究成果；而设立在复旦大学的"中国统一战线理论研究会统战基础理论上海研究基地"在全国平行的机构中始终保持领先地位。在兰州的"中国统一战线理论研究会民族宗教理论甘肃研究基地"亦发挥了巨大作用，推出了许多成果。华东师范大学社会发展学院社会学系宗教社会学研究，既有扎实的理论基础，又有丰富的实践经验，"十三五"时期，中国社会学会宗教社会学专业委员会成立并挂靠该系。

在方法论上，宗教学具有显著的跨学科研究，这决定了它不可能"依附于"某些"专业化"的研究机构，而是必然呈现百花齐放的局面。事实上，各高校人文学科的院所中有不少学者及其相关团队依托自身研究特色和研究专长，倾注了大量的学术精力从事宗教学的基础研究，如北京大学张志刚教授的宗教中国化研究和清华大学朱东华教授的景教文献研究，上海大学文学院历史系的陶飞亚教授和上海师范大学的侯冲教授的基督教和佛教文献整理，复旦大学社会学与公共政策研究院的范丽珠教授等致力于中西学术交流和对话的实践和研究等。

一些研究机构虽然不是以宗教研究为主攻方向，但是其许多成果都和宗教研究相关。如上海外国语大学的丝路战略研究所马丽蓉及其团队的研究。这种以某一宗教研究课题为主而设立的研究机构或研究团队，在全国各地也较多。

此外，宗教学研究与哲学研究亦有着密切联系，会思考人的本质、其思想价值及社会生存等基本问题，有着其文化思考和人文精神等方面的培育及熏陶的功能。因此，宗教学有着其社会科学研究和人文学科发展的两翼，在其构建及发展中也必须注意其比翼双飞的平衡与协调。

## 二 重要进展、主要成绩、代表性人物和成果

### （一）"十三五"时期立项在研的"国家社科基金"课题①

**1. 国家社科基金重大项目**

（1）2016年立项

①何虎生：中国特色社会主义宗教理论体系研究，中国人民大学。

②郑筱筠："一带一路"战略实施中的宗教风险研究，中国社会科学院。

③李建欣：中国宗教研究数据库建设（1850—1949），中国社会科学院。

④何建明：多卷本《中国现代佛教史》（1912年至今），中国人民大学。

⑤郑贤章：历代汉文佛典文字汇编、考释及研究，湖南师范

---

① 所引课题基于网上公示发布的信息，以其研究内容为主，不一定仅限于"宗教学"立项，仅供参考。此外，教育部等相关部委在"十三五"时期也有许多宗教学领域的研究课题立项，限于篇幅，本书对之不再列举，特此说明。

大学。

⑥刘中民：全球伊斯兰极端主义研究，上海外国语大学。

⑦曹峰：黄老道家思想史，中国人民大学。

（2）2017年立项

①郑堆："一带一路"与藏传佛教发展研究，西南民族大学。

②高志英：基督教中国化背景下的农村基督教问题研究，云南大学。

③马品彦：新疆伊斯兰教中国化的理论与现实问题研究，新疆社会科学院。

④圣凯：汉传佛教僧众社会生活史，清华大学。

⑤同美：西藏本教通论，西南民族大学。

⑥刘震：吠陀文献的译释及研究，复旦大学。

⑦侯冲：汉文大藏经未收宋元明清佛教仪式文献整理与研究，上海师范大学。

⑧汪小洋：多卷本《中国宗教美术史》，东南大学。

⑨冯玉军：宗教工作法治化研究，中国人民大学。

⑩王宪昭：中国少数民族神话数据库建设，中国社会科学院。

（3）2018年立项

①李向平：中国特色宗教社会学话语体系及其本土知识结构研究，华东师范大学。

②石沧金：中国民间信仰海外传播图谱与功能研究，暨南大学。

③何峰：宗喀巴传记文献整理挖掘翻译及其精神研究，青海民族大学。

④张志刚："宗教中国化"的基础理论建构，北京大学。

⑤濮文起：中国民间宗教思想史，陕西师范大学。

⑥洪修平：儒佛道三教关系视域下中国特色佛教文化的传承与发展研究，南京大学。

⑦李艳枝：伊斯兰教视域下的宗教对话资料整理与研究，辽宁大学。

⑧张禹东：海外华人宗教文献资料的收集、整理与研究，华侨大学。

⑨张俊：西方基督教美学通史，湖南大学。

⑩龙秀清：西方政教关系核心文献整理、翻译与研究，中山大学。

（4）2019年立项

①程恭让："一带一路"佛教交流史，上海大学。

②张晓林：明清中国天主教汉籍校注整理及耶儒佛道对话研究，华东师范大学。

③崔红芬：西夏文佛教文献遗存唐译经的整理与综合研究，河北师范大学。

④游斌：基督教中国化之经典、礼仪与思想研究，中央民族大学。

⑤张桥贵：中国少数民族基督教通史，云南民族大学。

⑥卓新平：新时代中国特色宗教学基本理论问题研究（委托项目），中国社会科学院。

（5）2020年立项

①王月清：中国共产党宗教理论发展与治理创新研究，南京大学。

②曹刚华：中国佛教方志研究与数据库建设（多卷本），中国人民大学。

③季芳桐：伊儒会通思想研究，南京理工大学。

④龙耀宏：黔湘桂粤边区少数民族民间宗教文献搜集整理与研究，贵州民族大学。

**2. 其他国家社科基金课题**

（1）2016 年立项

Ⅰ. 重点项目

①林季杉：基督教伦理的艺术教化研究，湖北大学。

②濮文起：中国民间宗教通史，天津社会科学院。

③张祝平：中国当代社会民间信仰研究，杭州市社会科学院。

④郑晓筠："一带一路"沿线东南亚国家的宗教治理经验及管理模式研究，中国社会科学院。

⑤李四龙：中国本土宗教与外来宗教关系研究，北京大学。

⑥洪修平：近现代佛教入世转型研究，南京大学。

⑦周拉：莲花戒佛学著作整理及研究，中央民族大学。

⑧杨燕：日本道观及其收藏的珍贵文物分类研究，四川师范大学。

⑨李小荣：禅宗语录文学特色之综合研究，福建师范大学。

⑩郭利霞：19 世纪来华传教士记录的官话方言及其历时演变研究，南开大学。

Ⅱ. 一般项目

①蒲长春："一带一路"背景下的中国特色宗教理论建构与政策应对研究（一般项目），中央党校。

②张靖：百年《通报》的中国宗教研究，中国人民大学。

③文学平：马克思对上帝存在论证的批判性理解研究，西南政

法大学。

④曹庆锋：马来西亚多元宗教文化与国家认同问题研究，宁夏大学。

⑤张颖夫：南诏大理国本土宗教与儒释道共处研究，大理大学。

⑥叶远飘：青川藏滇结合部多元丧俗信仰的宗教人类学研究，广东医学院。

⑦李勇：英国马克思主义的宗教观研究，山西大学。

⑧王文旭：宗教罪恶思想研究，青海师范大学。

⑨苏金成：水陆画与"三教合一"思想研究，上海大学。

⑩闵军：《金刚经》解经史与佛教中国化问题研究，长安大学。

⑪刘朝霞：佛教伦理的现代性研究，四川大学。

⑫苗昱：日写本《玄应音义》校证，南京晓庄学院。

⑬张庆松：元明清时期云南汉传佛教僧人著述整理与研究，云南民族大学。

⑭白玛措：藏传佛教宁玛派国际影响的未来走向研究，西南民族大学。

⑮张帆：西部边疆宗教与社会结构的民族志研究，四川大学。

⑯何方耀："海上丝绸之路"与岭南佛教的传播发展研究，华南农业大学。

⑰张明悟：辽金石刻经幢陀罗尼文字资料整理与研究，中国科学院大学。

⑱董波：内蒙古地区蒙传和汉传佛教仪式诵经音乐跨文化比较研究，内蒙古师范大学。

⑲师敏：日本入唐求法僧与海上丝绸之路文化传播研究，西安电子科技大学。

⑳ 公维章：山东佛教石经收集、整理与研究，泰山学院。

㉑ 王水根：中国历代尼传辑录、整理及其构成要素之统计与分析性研究，宜春学院。

㉒ 何孝荣：明代杭州佛教研究，南开大学。

㉓ 姚南强：汉传因明知识论研究，华东师范大学。

㉔ 白冰：隋唐以前禅法研究，西北大学。

㉕ 刘金山：当代自然神学前沿问题研究，东北师范大学。

㉖ 张百春：东正教灵修传统研究，北京师范大学。

㉗ 李跃红：基督教"中国化"的思潮与理解研究，云南民族大学。

㉘ 丁光：近代来华传教士慕阿德家族与中外文化传播研究，浙江大学。

㉙ 孙琥瑭：梵二会议以来天主教教宗与中梵关系走向研究，云南民族大学。

㉚ 冯杰文：明清伊斯兰教汉文典籍采借儒家经典辑录与诠释，宁夏大学。

㉛ 陶琳：西南边境地区国外穆斯林流动研究，大理大学。

㉜ 马明贤：现代性语境下的伊斯兰司法制度研究，兰州大学。

㉝ 吐尔逊·沙吾尔：新疆宗教去极端化法治对策研究，新疆大学。

㉞ 努尔买买提·托乎提：中国维吾尔族伊斯兰教本土化研究，新疆社会科学院。

㉟ 曾维加：巴渝寺观研究，西南大学。

㊱ 戈国龙：道教内丹学的阴阳论研究，中国社会科学院。

㊲ 赵芃：道教文化传播与"一带一路"战略研究，齐鲁工业

大学。

㊳蔡林波：基于文化符号学的道教真形图研究，华东师范大学。

㊴陈雅岚：江西道教碑刻收集、整理与研究，江西师范大学。

㊵刘康乐：清王朝道教事务管理研究，长安大学。

㊶申晓虎：云南正一道科仪经书符箓的收集、整理与研究，曲靖师范学院。

㊷白娴棠：山西全真道研究，山西师范大学。

㊸旦正加：甘青藏族居住地区文昌信仰的历史与现状研究，青海师范大学。

㊹时国轻：京津冀协同发展视阈下的民间信仰现状调查研究，河北省委党校。

㊺肖海明：妈祖图像的收集整理与研究，广东省博物馆。

㊻毛攀云：湘中梅山民间信仰图像谱系整理研究，湖南人文科技学院。

㊼张凤梅：美国国际宗教自由政策对中国的影响研究，安徽工程大学。

㊽杨林霞：豫西南农村地区本土民间信仰与基督教交往关系的经验研究与理论探讨，中原工学院。

㊾石丽：中国当代民间信仰状况及其社会治理研究，上海社会科学院。

Ⅲ. 青年项目

①李松洁：宗教极端主义思潮影响下某些大学生群体思想状态及其解决办法研究，中央民族大学。

②大普仓：《宝鬘论颂》梵、藏、汉对勘，西藏社会科学院。

③张宏斌：北魏拓跋氏的民族信仰与文化认同研究，中国社会科学院。

④肖琨：劝善书在日本的传播与影响实证研究，暨南大学。

⑤杨志飞：汉文佛教史学名著《佛祖历代通载》整理与研究，陕西省社会科学院。

⑥郭文：中国佛教"道俗立制"研究，上饶师范学院。

⑦李旭：中国临济宗古文献整理研究，东华理工大学。

⑧张岩：藏传佛教汉地传播研究，黑龙江省社会科学院。

⑨尕本加：藏传佛教麻仓噶举派研究，青海民族大学。

⑩尕藏扎西：藏传佛教僧众的国家认同研究，青海省委党校。

⑪周胤：北魏平城、洛阳的城市空间与佛教信仰关系研究，重庆大学。

⑫陈粟裕：中古时期佛教在丝绸之路南道上的传播与图像呈现研究，中国社会科学院。

⑬张文卓：早期密教研究，浙江工业大学。

⑭张鹏：东南亚华人基督教社团的发展转型及对新时期中国—东盟公共外交的影响探究，中央财经大学。

⑮王媛：基督教中国化视阈下东部地区灵恩现象调查与研究，南京航空航天大学。

⑯叶健辉：拉丁美洲解放神学研究，浙江外国语学院。

⑰赵博阳：天主教会法的法典化问题研究，上海社会科学院。

⑱沈一鸣：明末清初回儒舍起灵（蕴善）汉译作品研究，北京大学。

⑲陶晶：新疆高校"去宗教极端化"研究，新疆师范大学。

⑳张粲：道教典籍在法国的译介与传播研究，西南交通大学。

㉑孙瑞雪：明清道教的师道思想及其现代启示研究，四川大学。

㉒李生柱：黔桂边区"瑶传道教"濒危经籍的抢救、整理与研究，贵州师范学院。

㉓李卫青：青海道教与民俗文化研究，青海省社会科学院。

㉔刘儒：唐代墓志道教文献整理研究，广西大学。

㉕罗中：酉水流域土家族《梯玛歌》不同版本整理研究，吉首大学。

㉖张翠霞：白族民间信仰结社与乡村社会治理研究，云南大学。

㉗黄绿萍：互联网时代日本新兴宗教的传播及应对研究，东南大学。

㉘王德硕：中国宗教"走出去"的理论与实践研究，复旦大学。

㉙钟智锋：转型期中国宗教场所负责人的政治态度研究，中国人民大学。

㉚韩雪：前苏联历任领导人主政时期的宗教政策研究，西南大学。

Ⅳ. 西部项目

①才让东智：《格萨尔》史诗中的原始宗教文化研究，青海民族大学。

②邓晓：环三峡地区远古巫文化探究，重庆师范大学。

③蒋楠楠：西南少数民族石崇拜文化的宗教人类学比较研究，贵州省社会科学院。

④彭瑞花：汉传菩萨戒专题研究，青海师范大学。

⑤万么项杰：吐蕃时期西藏本土宗教与外来宗教关系研究，西藏大学。

⑥何启林：藏族居住地区宗教生态及其社会影响问题研究，青海省委党校。

⑦李顺庆：清代的藏传佛教策略与藏彝走廊北部地区寺院管理研究，西北师范大学。

⑧邬宗玲：川中佛教石刻文物文献研究，重庆三峡学院。

⑨满达：中俄蒙佛教发展现状研究，内蒙古师范大学。

⑩吴道军：贵州佛教碑刻辑录，贵阳市委党校。

⑪洪燕妮：牛头禅文献的整理与研究，云南师范大学。

⑫索朗旺杰：藏文史籍《桑浦寺法嗣传承明镜》翻译与注解，西藏大学。

⑬额尔敦巴特尔：18—20世纪初蒙古佛教史研究，内蒙古大学。

⑭毛丽娅：明末至民国时期基督宗教和中国道教相遇与对话研究，四川师范大学。

⑮耶斯尔：现代土耳其政教关系演进研究，新疆社会科学院。

⑯阿迪力·阿尤甫：宗教工作法治化与新疆社会稳定研究，新疆大学。

⑰孙智伟：《研真经》四种版本比较研究，闽南师范大学。

⑱努尔艾力·沙亚库皮：古代维吾尔语《古兰经》译本校勘研究，新疆师范大学。

⑲周永健：贵州民间道坛经书与仪式研究，贵州民族大学。

⑳袁名泽：道教农业生态伦理思想研究，玉林师范学院。

㉑裴丽丽：武陵山区民族杂居乡村民间信仰体系的变迁与重构

研究，西南大学。

㉒ 王芳妮：陕西民间信仰现状调查与研究，陕西省社会科学院。

㉓ 佴澎：民法典编纂契机下的宗教工作法治化，云南财经大学。

Ⅴ. 中华学术外译项目

①中国社会科学出版社：中国人的宗教信仰（原著作者或主编：卓新平），资助文版：英文。

②上海人民出版社：古典禅研究——中唐至五代禅宗发展新探（原著作者或主编：贾晋华），资助文版：日文。

Ⅵ. 后期资助项目

①梅红：明清以来关帝信仰在西南少数民族地区的传播，西南交通大学。

②胡垚：法云佛学研究，西南民族大学。

③申喜萍：金元道教绘画考论，四川师范大学。

④富世平：翻译名义集校注，嘉兴学院。

⑤王海鹏：传教士与近代中国风俗嬗变，鲁东大学。

⑥唐科：19 世纪英国牛津运动研究，东北师范大学。

⑦邵铁峰：西美尔的宗教理论研究，深圳大学。

⑧程乐松：身体、不死与神秘主义，北京大学。

⑨李维建：非洲伊斯兰教史，中国社会科学院。

⑩付希亮：图腾分析路径下中国五帝文明及其起源综合研究，内蒙古师范大学。

⑪ 聂顺新：唐代佛教官寺制度研究，陕西师范大学。

⑫ 肖建原：明清儒释道"三教合一"思想史稿，陕西师范

大学。

（2）2017年立项

Ⅰ．重点项目

①张云江：高延中国宗教著作全集（18卷本）翻译与研究，华侨大学。

②汪小洋：中国宗教美术考古编年史研究（1949—2016），东南大学。

③邱凤侠：中国历代政权佛教事务管理研究，国家宗教事务局。

④郭淑云：东北世居民族萨满文化传承人口述资料发掘、整理与研究，大连民族大学。

Ⅱ．一般项目

①王月清：习近平总书记宗教观研究，南京大学。

②黄仁瑄：慧琳《一切经音义》整理与研究，华中科技大学。

③陈红兵：欧美当代佛教生态思想研究，山东理工大学。

④拉先：白马藏族居住地区苯教古藏文文献的释读与研究，西南民族大学。

⑤改玛本：梵藏因明文献中的应成式演变研究，西南民族大学。

⑥杨晓华：梵文佛传LALITAVISTARA与汉藏蒙译文比较研究，陕西师范大学。

⑦梁慧：何进善基督教文献收集整理和诠释研究（1817—1871），浙江大学。

⑧李福泉：1501年以来伊朗政教关系研究，西北大学。

⑨李禹阶：古代宗教与儒家本体论研究，重庆师范大学。

⑩汪海：后世俗时代的解构主义宗教观研究，中国人民大学。

⑪李华伟：近现代中国民族国家建设与儒教的互动关系研究

（1895—1919），中国社会科学院。

⑫ 毛胜：习近平总书记宗教观研究，中央文献研究室。

⑬ 刘福军：中国特色社会主义宗教理论的发展历程及历史经验研究，北京联合大学。

⑭ 陈星：弘一大师年谱长编，杭州师范大学。

⑮ 曹彦：基于梵语波你尼语法的《唯识三十颂》研究，武汉大学。

⑯ 王德朋：辽代佛教研究，辽宁大学。

⑰ 张长虹：敦煌壁画榜题底稿校注与研究，上海大学。

⑱ 常峥嵘：新见佛教石刻文辑校与研究（1949—2016），忻州师范学院。

⑲ 聂葛明：云南古代白族大姓与佛教研究，大理大学。

⑳ 曹群勇：川西藏传佛教寺院社会化管理研究，贵州民族大学。

㉑ 才项多杰：梵藏汉佛教"止观"经论原典整理与研究，青海师范大学。

㉒ 看本加：甘青藏族居住地区的藏传佛教宁玛派俄巴及其社会影响研究，西北民族大学。

㉓ 孟秋丽：雍和宫档案与清朝藏传佛教治理研究，中国藏学研究中心。

㉔ 濮荣健：奥古斯丁思想与普洛提诺《九章集》的关系研究，山东大学。

㉕ 张钟鑫：当代东南亚华人基督教会的网络结构、社会资本及发展趋势研究，华侨大学。

㉖ 景剑峰：俄罗斯东正教人学思想演变及其当代意义研究，内

蒙古大学。

㉗ 范大明：基督教与近代中国墨学复兴思潮研究，湘南学院。

㉘ 代国庆：马尼拉"摇篮本"汉文宗教典籍的整理与研究，华南师范大学。

㉙ 谢明光：耶稣会传教士罗明坚（1543—1607）和《中国传教史》西文手稿的整理与研究，北京外国语大学。

㉚ 富瑜：中印比较视域下的诺比利与利玛窦文化适应传教研究，浙江大学城市学院。

㉛ 李林：伊斯兰语境下的宗教极端主义研究，中国社会科学院。

㉜ 陈会亮：犹太思想家哈列维著作汉译与研究，河南大学。

㉝ 陈明：道教内丹心性修养与当代西方心理学发展研究，湖南第一师范学院。

㉞ 程志立：道教药签文献整理研究，中国中医科学院。

㉟ 蒲生华：青海道教名山研究，青海师范大学。

㊱ 胡锐：施舟人（KRISTOFER SCHIPPER）道教学术经典论著的翻译和研究，四川大学。

㊲ 丁常春：四川全真道研究，四川省社会科学院。

㊳ 姜守诚：台湾南部地区灵宝道派拔度科仪研究，中国社会科学院。

㊴ 田茂泉：意大利学者莫尼卡有关清代道教著述的翻译与研究，山东财经大学。

㊵ 祁刚：浙南道教历史文献的整理与研究，厦门大学。

㊶ 范正义："一带一路"视野下妈祖信仰网络研究，华侨大学。

㊷ 阿错："三江并流"地区山神信仰藏文文献的搜集、整理与

研究，云南民族大学。

㊸ 徐习文：10—13世纪东亚地区罗汉信仰与图像研究，东南大学。

㊹ 张琦：巴蜀地区善书辑注与研究，四川大学。

㊺ 孟建煌：妈祖信仰世界传播史，莆田学院。

㊻ 刀吉仁青：敦煌吐蕃禅宗文献整理研究，西北民族大学。

㊼ 廖玲：武陵少数民族地区宗教传统及多元信仰研究，四川大学。

㊽ 谭智：壮族民间信仰仪式音乐研究，大理大学。

㊾ 白斌：互联网时代新疆地区宗教极端思想防范与治理研究，新疆生产建设兵团党校。

㊿ 陈青萍：神秘膜拜团体发展现状及其社会心理控制途径的研究，陕西师范大学。

㉛ 肖建飞：宗教极端主义惩治与防范研究，新疆大学。

㉜ 罗海龙：宗教极端主义渗透与我国反恐战略研究，中国人民武警部队学院。

㉝ 张云涛：施莱尔马赫宗教哲学与哲理神学研究，武汉大学。

㉞ 李辉：金代佛教石刻史料整理与研究，杭州市社会科学院。

㉟ 才让东智：宗喀巴《菩提道次第广论》的思想与五部大论关系研究，青海民族大学。

㊱ 肖清和：晚明天主教徒李问渔著作的整理与研究，上海大学。

㊲ 褚潇白：耶稣基督形象与民国现代性话语研究，华东师范大学。

㊳ 王希：理论苏菲学思想体系研究，中国社会科学院。

(59) 雷伟平：中国三官信仰的谱系与文化认同研究，上海外国语大学。

Ⅲ. 青年项目

①张琨：阿根廷与智利政教关系比较研究，上海大学。

②程洪猛：摩门教与当前中美关系研究，上海市社会主义学院。

③热米娜·肖凯提：南疆宗教社群社会认知的现代性融入与区域稳定问题研究，新疆大学。

④陈士聪：现代性视域下黑格尔宗教批判思想研究，东北师范大学。

⑤王征：敦煌文献中的《成实论》注释文本的整理与研究，中山大学。

⑥董华锋：巴蜀唐宋佛教铭刻材料的调查、整理与研究，四川大学。

⑦邵佳德：地方视域下的近代江浙佛教革新研究，南京大学。

⑧司聃：海洋文化与中斯佛教交流研究，中国社会科学院。

⑨张佳：全球化视域下的近代中国居士佛教运动研究，东南大学。

⑩夏吾交巴：藏传佛教寺院制度变迁及其当代社会调适研究，青海省委党校。

⑪ 吴蔚琳：汉译巴利语律藏注释书《善见律毗婆沙》整理与研究，深圳大学。

⑫ 谭杰：晚明传教士高一志“义礼西学”系列译著整理与研究，中南大学。

⑬ 张德明：五年运动与1930年代基督教中国化研究，中国社会科学院。

⑭ 马亮：中亚宗教极端主义与新疆稳定研究，西北政法大学。

⑮ 徐天基：华北地方道教科仪及文献的搜集整理与研究，深圳大学。

⑯ 王皓月：六朝道教变革史考，中国社会科学院。

⑰ 孙伟杰：明清道教稀见星宿图像、文本的收集整理与研究，四川大学。

⑱ 郭峰：土家族道教史研究，湖北民族学院。

⑲ 宋野草：云南民间道书传播与民族文化关系研究，云南民族大学。

⑳ 曾令明：南海渔民的民间信仰调查研究，三亚学院。

㉑ 刘峰：陕西民间信仰石刻资料整理与研究，西安理工大学。

㉒ 贾维维：11—13世纪多民族佛教文化视域下的河西地区西夏石窟研究，浙江大学。

㉓ 王杰："一带一路"背景下宗教极端主义问题研究，云南省社会科学院。

㉔ 王盈：日本宗教团体与战后中日关系及我国的对策研究，上海社会科学院。

㉕ 王雨：西北地区神秘膜拜团体的现状及其社会治理研究，宁夏党校。

㉖ 周洁：《大唐西域记．摩揭陀上篇》所载印度佛教遗址的勘察与研究，安徽省社会科学院。

㉗ 许潇：说一切有部思想史研究，陕西师范大学。

㉘ 刘军峰：宋代寺院经济与政权管控策略研究，江苏省委党校。

Ⅳ．西部项目

① 李硕：十八大以来社会稳定目标下的新疆与藏族居住地区宗

教寺院管理比较研究，新疆大学。

②江求流：宋代理学的佛教批判及其现代意义研究，陕西师范大学。

③王秀玲：国家认同视域下的清代国家祭祀研究，内蒙古工业大学。

④刘光洁：史书中帝王降生神异叙事研究，重庆大学。

⑤刘永海：明清宫观山志的编纂及其价值研究，贵州师范大学。

⑥包龙：东北西部满蒙汉民族走廊民间宗教信仰的比较研究，内蒙古大学。

⑦高静：非遗时代中国广西与韩国庆被巫傩文化保护开发的比较研究，广西师范大学。

⑧许瑞娟：泸沽湖周边多民族地区藏传佛教传播史研究，云南民族大学。

⑨黄龙光：中国西南少数民族灾害神话研究，云南师范大学。

⑩周毛先：汉藏边缘之"霍尔"人的格萨尔信仰与多元宗教对话共生研究，西北民族大学。

⑪马学忠：伊斯兰中道理性思想与去极端化工作研究，新疆大学。

⑫黄金：武陵山区多元民间信仰文化变迁与调适研究，长江师范学院。

⑬杨梅：明清以来西南地区佛教碑刻中的儒家文献整理研究，四川外国语大学。

⑭田晓膺：道教诗歌研究，成都信息工程大学。

⑮禄佳妮：贵州道教碑刻辑录，贵州师范大学。

⑯王雅克：魏晋南北朝时期汉译佛经中的地学知识研究，贵州

师范大学。

⑰ 钱光胜：宋元以来白族丧葬习俗与佛教信仰关系研究，大理大学。

⑱ 马居里：中国景颇族基督信仰的本色化研究，云南大学。

⑲ 孔又专：习近平传统文化观视阈下的古代铜鼓宗教艺术文化及传承研究，云南民族大学。

⑳ 宋海啸："一带一路"战略在南亚面临的宗教风险研究，云南省社会科学院。

㉑ 阿贵：新发现藏文史籍《王统日月宝串》翻译与研究，西藏大学。

㉒ 廖云路：城镇化背景下藏族居住地区寺院与社区的关系研究，西藏日报社。

㉓ 冯雪俊：西夏华严信仰研究，陕西师范大学。

㉔ 李云：《成实论》校注，西北大学。

㉕ 唐淑娴：南亚"台卜利厄"运动对中国穆斯林社会的影响，西北政法大学。

㉖ 李永康：宗教极端思想的侵害和防范举措研究，甘肃警察职业学院。

㉗ 敏敬：现代语境下的土耳其伊斯兰教发展，兰州大学。

㉘ 马依丝古丽·乌苏音：20世纪初《古兰经》的察哈台维吾尔语译注研究，西北民族大学。

㉙ 祁学义：《古兰经》注释本《哲拉莱尼》的翻译与研究，西北师范大学。

㉚ 徐生菊：西北民族地区互联网宗教的传播规律与引导策略研究，西北师范大学。

㉛阿忠荣：藏族家庭与藏传佛教影响关系研究，青海师范大学。

㉜冷智多杰：藏传佛教后弘期因明史研究，青海师范大学。

㉝马茜：抗日战争时期日本在华推行伊斯兰教工作策略研究，宁夏党校。

㉞郭兰瑛：新疆中小学生无神论教育研究，伊犁师范学院。

㉟李先荣：新疆少数民族聚集区宗教治理长效机制研究，伊犁党校。

㊱扎拉嘎夫：丝绸之路诸民族神话比较研究，锡林格勒职业学院。

㊲卢国荣：玛雅神话与蒙古族神话的比较研究，内蒙古民族大学。

㊳胡笑瑛：非裔美国黑人文学中的伏都教美学研究，宁夏大学。

㊴陈家春：禅宗隐喻研究，四川理工学院。

㊵乌兰其木格：汉、蒙、藏、满、英、梵、新蒙文七种文字合璧《大藏经》目录编制与比较研究，内蒙古师范大学。

V. 中华学术外译项目

①社会科学文献出版社：赞宁思想及其译经理论之研究（原著作者或主编：李雪涛），资助文版：德文。

②江苏人民出版社：中国佛教信仰与生活史（原著作者或主编：圣凯），资助文版：英文。

③中国社会科学出版社：当代中国宗教学研究（1949—2009）（原著作者或主编：卓新平），资助文版：英文。

④金明淑（中央民族大学）：西藏佛教发展史略（原著作者或

主编：王森），资助文版：韩文。

Ⅵ. 后期资助项目

①伍小劼：《大灌顶经》研究，上海师范大学。

②丁建华：近代佛教空有之争研究，浙江工商大学。

③张雪松：《高僧传》与六朝佛教僧人群体研究，中国人民大学。

（3）2018年立项

Ⅰ. 重点项目

①宫玉宽：习近平关于我国宗教坚持中国化方向思想研究，中央民族大学。

②程恭让：中国化视角下的佛典汉译与诠释研究，上海大学。

③刘林魁：唐代释家三教论衡著作整理与研究，宝鸡文理学院。

④杜永彬：海外藏传佛教的历史、现状与发展趋势研究，中国藏学研究中心。

⑤尕藏加：藏传佛教宗派历史与教理研究，中国社会科学院。

⑥梁工：《新编剑桥圣经史》翻译和研究，河南大学。

⑦王志军：20世纪中国俄罗斯东正教的政治生活与宗教生活研究，黑龙江大学。

⑧杨德爱：当代滇西常住外国人宗教活动状况调查与治理研究，大理大学。

Ⅱ. 一般项目

①闵丽：新修订《宗教事务条例》与我国宗教治理现状研究，四川大学。

②熙·巴达玛旺朝阁："一带一路"建设与中蒙宗教问题研究，内蒙古大学。

③管恩森："理雅各汉学中的儒学观"辩读研究，山东大学。

④孙清海：普兰丁格宗教哲学著作翻译与研究，山东师范大学。

⑤宗晓兰：拉纳《信仰之基础》翻译及其神学人类学思想研究，陕西师范大学。

⑥丁大刚：理雅各汉学文献整理与研究，上海师范大学。

⑦黄增喜：伊利亚德宗教史叙述中的人类学方法及文献研究，云南大学。

⑧张新樟：宗教极端思潮的心理危害研究，浙江大学。

⑨曾南来：当代中国都市佛教与基督教民间发展形态研究，中国人民大学。

⑩程瑜：法称《释量论.现量品》研究，贵阳学院。

⑪顾毳：寂护"空有融合"思想研究，贵阳学院。

⑫徐浩：敦煌《大般若经》汉文写本缀合研究，河南财经政法大学。

⑬赵东明：《成唯识论》"转依"（ASRAYA—PARIVRTTI/ASRAYA—PARAVRTTI）思想研究，华东师范大学。

⑭高永旺：《慈恩传》校勘、补正与研究，南京大学。

⑮杨学勇：《赵城金藏》档案及补抄本整理与研究，山西师范大学。

⑯黄海云：历代广西佛教金石作品的收集、整理与研究，广西大学。

⑰刘洪彩：旧金山亚洲艺术博物馆藏中国佛教造像调查与研究，河北工业大学。

⑱王公伟：净土宗核心典籍"三经一论"注疏的校释与研究，鲁东大学。

⑲ 达瓦：第四世班禅额尔德尼年谱编撰及爱国爱教事迹研究，西藏大学。

⑳ 冯天春：云南禅宗史，云南省社会科学院。

㉑ 王连冬：《华严宗佛祖传》整理与研究，中国计量大学。

㉒ 更高才让：藏传佛教判教文献整理与研究，青海民族大学。

㉓ 牛宏：藏传佛教名著《宗义广论》的翻译与研究，上海师范大学。

㉔ 陈爱峰：吐鲁番藏传佛教遗存调查与研究，吐鲁番学研究院。

㉕ 次仁顿珠：《法显传》汉译藏及研究，西藏社会科学院。

㉖ 孙悟湖：藏传佛教中国化的历史与现状研究，中央民族大学。

㉗ 刘志庆：天主教修会在华传教史研究，安阳师范学院。

㉘ 李韦：抗战时期中国教会合一运动研究，河南大学。

㉙ 解江红：法国藏清代耶稣会在华传教档案文献的编译及研究，暨南大学。

㉚ 周庆：基督教传播与中国近代社会妇女观念的变迁研究，宁夏大学。

㉛ 李晓晨：宗教徒与国家公民身份的纠葛：华北沦陷区天主教徒抗战救亡活动研究，青岛科技大学。

㉜ 徐弢："三元人论"在基督教思想史上的流变及影响考论，武汉大学。

㉝ 周伟驰：奥古斯丁哲学汉传文献整理与研究，中国社会科学院。

㉞ 龙秀清：近世以来天主教国家政教关系核心文献汉译与研

究，中山大学。

㉟ 杨德亮：国外伊斯兰人类学历史与现状研究，北方民族大学。

㊱ 马健君：唐代长安伊斯兰教与穆斯林群体研究，西北大学。

㊲ 纳巨峰：明清之际伊斯兰学校及其知识体系的本土化研究，西北民族大学。

㊳ 阿布力米提．亚森：坚持新疆伊斯兰教的中国化理论与实践研究，新疆大学。

㊴ 王阳林：缅甸佛教徒—穆斯林冲突及其对"一带一路"建设的影响研究，中央民族大学。

㊵ 陈文龙：道教与闽台社会研究，福建师范大学。

㊶ 郝光明：灵宝道教源流研究，贵阳学院。

㊷ 张晟：道教香仪及其文化内涵研究，江西财经大学。

㊸ 曾勇：江西修水稀见道书与民间生命礼俗研究，江西师范大学。

㊹ 刘永明：甘肃道教碑刻的调查与整理研究，兰州大学。

㊺ 吕鹏志：中古道教仪式的基本类型和历史演变研究，西南交通大学。

㊻ 尹志华：清代诗文集中的道教资料汇纂与研究，中央民族大学。

㊼ 林国平：当代闽台民间信仰庙际网络与两岸关系研究（1987—2017），福建师范大学。

㊽ 叶建芳：广西边境民间信仰实践变迁与地域文化建构研究，桂林理工大学。

㊾ 恒占伟：夏商周"三尊"宗教观念演生研究，河南大学。

㊿ 徐明生：道教神谱的构建与传统信仰研究，江苏科技大学。

· 047 ·

㉛ 张崇富：川主信仰的文本、仪式及口述史研究，四川大学。

㉜ 麻勇斌：武陵山区苗族"巴狄"研究，贵州省社会科学院。

㉝ 巴微：国内外仓央嘉措文献整理与研究，西安工程大学。

㉞ 曲比阿果：凉山彝族城镇居民宗教需求及社会适应研究，西南民族大学。

㉟ 李昕：苗族基督教信仰本土化的民族志研究，云南大学。

㊱ 龙珠多杰：藏族堪舆文化研究，云南民族大学。

㊲ 王伟：东北亚文化圈农耕文明视阈下的中韩萨满教比较研究，中国社会科学院。

㊳ 陆锦冲：我国高校境外宗教渗透的策略研究，常州大学。

㊴ 李丰春：澜湄合作架构下宗教交流问题及对策研究，大理大学。

㊵ 杨洋：新时代我国宗教中国化的路径创新研究，东南大学。

㊶ 颜小华：南岭民族走廊乡村宗教现状调查与宗教治理研究，广西师范大学。

㊷ 张训谋：新时代宗教工作贯彻"导"的重要思想研究，国家宗教事务局。

㊸ 卢毅刚：网络舆论环境下宗教极端活动"线上—线下模式"分析与治理研究，西北民族大学。

㊹ 司律：十九大后新疆农村防范和抵制宗教极端主义对策研究，新疆喀什大学。

㊺ 李杰：中缅边境南传佛教安全风险评估及应对策略研究，云南民族大学。

Ⅲ. 青年项目

① 谢一峰：7—13世纪"移动边疆"中宗教与政治关系研究，湖

南大学。

②李灿：《首楞严三昧经》梵、藏、汉、于阗四语文本整理、翻译与研究，北京外国语大学。

③许鹏：西夏文《大般若经》校勘与研究，陕西师范大学。

④羊毛措：《中论佛护释》翻译与研究，西藏民族大学。

⑤杨玉飞：《胜鬘经》与中国如来藏思想的展开研究，宜春学院。

⑥王龙：西夏佛典选译和西夏佛教史研究，中国社会科学院。

⑦王磊：汉唐时期佛教律学的发展与佛教中国化研究，中山大学。

⑧李颖：柬埔寨佛教图像整理与研究，北京外国语大学。

⑨国威：日韩所藏南山律宗文献及文物搜集、整理与研究，四川大学。

⑩余康：大别山区佛教碑刻收集、整理与研究，信阳师范学院。

⑪王荣湟：明清禅宗清规研究，郑州大学。

⑫谢子卿：天主教与近代法国殖民大国兴衰研究（1660—1960），复旦大学。

⑬张帆：东正教在中国北部边疆传播的区域差异及其影响研究，哈尔滨师范大学。

⑭沈路：图像视阈下的近代基督教中国化研究，河南科技大学。

⑮刘计峰："一带一路"背景下东南亚华人基督徒的族群身份与中华文化认同研究，厦门大学。

⑯王慧宇：耶稣会传教士罗明坚外文"四书"手稿整理与研究，中山大学。

⑰陈越洋：当代中东伊斯兰国家穆斯林青年极端化问题及其治理研究，上海外国语大学。

⑱ 巫能昌：宋元以来闽粤赣客家地区道教发展研究，复旦大学。

⑲ 胡劼辰：清代文昌帝君类合集的收集、整理与研究，湖南大学。

⑳ 牛尚鹏：《中华道藏》校正，天津外国语大学。

㉑ 张鹏：敦煌道经的整理研究，中国社会科学院。

㉒ 张丽山：中国土地崇拜在东亚的传播与文化认同研究，浙江理工大学。

㉓ 许沃伦：云南少数民族洞穴崇拜研究，大理大学。

㉔ 霍晓丽：明清以来湘黔苗区民间信仰与乡村治理关系研究，贵州财经大学。

㉕ 曹韩：中国西南与周边国家交界区域多元宗教互动及其对"一带一路"建设的影响研究，德宏师范高专。

㉖ 高秀军：敦煌曹氏归义军家窟研究，宁夏大学。

㉗ 赵翠翠：乡村振兴战略中的农村建设与宗教关系研究，上海社会科学院。

Ⅳ．西部项目

①陈琪：新时代新疆宗教工作法治化研究，新疆社会科学院。

②周晓微："一带一路"沿线国家的佛教与其他文明间的对话，中国人民武警部队警官学院。

③汪志斌：基于史前考古发现的中国宗教起源研究，四川省社会科学院。

④高叶青：西岳华山道教文献整理与研究，陕西省社会科学院。

⑤扎西龙主：邬坚巴传记：翻译与研究，西藏民族大学。

⑥洛桑东知：吐蕃时期藏地禅宗之研究，青海民族大学。

⑦哈斯巴特尔：蒙古族求雨习俗的生态研究，内蒙古师范大学。

⑧赵建勇：金元大道教碑刻、文献调查整理与教史研究，宝鸡文理学院。

⑨晏周琴：甘肃洮河流域多民族民间信仰与传统地域文化研究，青海大学。

⑩朱佶丽：滇黔川苗族基督教化的历史与现状研究，云南省社会科学院。

⑪多杰群智：藏族民间信仰与道教文化关系研究，青海民族大学。

⑫加羊卓玛：藏传佛教学僧游学传统与现状研究，青海民族大学。

⑬仁欠俄日：藏传佛教格鲁派在青海蒙古族集聚区的传播历史及现状研究，青海师范大学。

⑭斯日古楞：边疆民族地区宗教治理研究，内蒙古社会科学院。

⑮周普元：新疆喀什地区维吾尔族个体宗教心理发展研究，新疆师范大学。

⑯袁志伟：10—13世纪中国北方少数民族的宗教思想与文化认同研究，西北大学。

⑰泽旺仁真：《七系付法传》译注，西藏社会科学院。

Ⅴ.中华学术外译项目

①南京大学出版社：中国佛教与佛学（原著作者或主编：洪修平），资助文版：英文。

②中国社会科学出版社：中国人的宗教信仰（原著作者或主编：卓新平），资助文版：西班牙文。

Ⅵ.后期资助项目

①杨浩：同情默应与心性体会：汤用彤与现代佛教学术研究，北

京大学。

②韩焕忠：佛教庄子学，苏州大学。

③王启元：僧俗交往与晚明佛教史的重构，复旦大学。

④刘立夫：人间佛教与禅宗，中南大学。

⑤郭武：新释稀见道教词语汇纂，云南大学。

⑥张凯：佛身论与佛教中国化研究，宁波大学。

⑦冯国栋：宋元禅宗清规辑校，浙江大学。

⑧郑衡泌：中国传统祠神信仰与地方认同研究，福建师范大学。

⑨张彤磊：僧肇辩证思维研究，湖南文理学院。

⑩李晶：现象学视野中的公教精神——马克思·舍勒的可能视角，中山大学。

(4) 2019 年立项

Ⅰ．重点项目

①孙亦平：东方道文化与新时代人类命运共同体的构建研究，南京大学。

②汪桂平：清代道教史研究，中国社会科学院。

③陈进国：民间信仰与社会治理的田野研究，中国社会科学院。

④韩军学："民心相通"视域下西南边境地区宗教跨国交往的民间路径研究，云南民族大学。

⑤徐祖祥：滇黔桂边区壮、瑶、苗诸族道教发展与民俗文化互构关系研究，云南民族大学。

⑥李言统：土族"嘛呢经"的搜集、整理与研究，信阳学院。

⑦刘金忠：《犹太宗教大辞典》编纂，南昌大学。

Ⅱ．一般项目

①郝瑞斌：列宁宗教观及其当代价值研究，河北师范大学。

②彭睿：中西方宗教伦理与经济伦理之关系的比较研究，南昌大学。

③杨莉：文庙的历史传承及其功能研究，天津社会科学院。

④田海华：五经中的宗教、记忆与传统研究，四川大学。

⑤李朝旭：鲁西南民间信仰的文化心理学研究，曲阜师范大学。

⑥张进：齐鲁文化背景下儒道佛三教关系研究，山东社会科学院。

⑦陈坚：中国佛学中的"无神论"研究，山东大学。

⑧赖岳山："太虚僧团"新史料辑佚与近现代中国政教结构新论研究，华南师范大学。

⑨刘泽亮：新发现《宗镜录具体》整理与研究，厦门大学。

⑩邱高兴：中国汉传佛教讲经史研究，中国计量大学。

⑪ 史经鹏：南北朝敦煌遗书《涅槃经》注疏整理与研究，中央民族大学。

⑫ 陈菊霞：唐宋敦煌石窟图像与洞窟宗教功能研究，上海大学。

⑬ 张径真：世俗法视域中的元代宗教法相关文献资料整理研究，内蒙古师范大学。

⑭ 王敏琴：北美中国佛教道场的建立及其影响研究，湖南大学。

⑮ 王建光：佛教戒律中国化的范式建构及其道德功能的作用与影响研究，南京农业大学。

⑯ 崔峰：甘肃东部佛教石窟题记文献整理与研究，陇南师范高专。

⑰ 金建荣：汉传佛教造像背光在东亚的传播与影响研究，淮阴师范学院。

⑱ 文志勇：黑水城出土佛教疑伪经整理与研究，河北师范大学。

⑲ 朱丽霞：基于佛教中国圣地建构的藏族五台山信仰研究，河南大学。

⑳ 徐婷：中国佛教石窟女性信仰的宗教社会学研究，四川大学。

㉑ 华海燕：新发现的明清川东地区佛教文献整理与研究，重庆师范大学。

㉒ 甘措：藏文寺规文献搜集整理与研究，青海民族大学。

㉓ 丹增朗杰：西藏苯教喇嘛传承制度研究，西藏社会科学院。

㉔ 李大平：横断走廊西藏度亡经临终关怀实践的宗教人类学研究，广东医科大学。

㉕ 张丽娟：《道教汉英词典》的编撰及其相关问题研究，福建师范大学。

㉖ 容志毅：道教外丹黄白术史研究，广西民族大学。

㉗ 强昱：六朝道教"因缘经"的哲学观与实践观研究，北京师范大学。

㉘ 赵卫东：全真道学术史，山东大学。

㉙ 程乐松：上清经系的形成历史与中古道教信仰的超越性建构模式研究，北京大学。

㉚ 刘守政：东南亚华人道教源流、变迁与转型研究，华侨大学。

㉛ 夏志前：岭南道教传统的建构及其衍化研究，华南师范大学。

㉜ 王玲霞：唐宋岭南道教文化的发展与传播研究，桂林电子科技大学。

㉝ 周致元：明清徽州的民间信仰与社会互动的关系研究，安徽大学。

㉞ 李琳：南岳信仰传播与湖湘多民族文化交融研究，湘潭大学。

㉟ 雷宝："新兴宗教"在西南边疆民族地区传播的态势、风险及

对策研究，大理大学。

㊱ 杨胜利：藏族文化象征符号及其中华民族精神特质研究，西藏民族大学。

㊲ 黄正良：云南梵文金石文献整理研究与数据库建设，大理大学。

㊳ 沈满琳：滇西北少数民族宗教仪式的 VR 影像志与研究，大理大学。

㊴ 曾黎：澜沧江流域少数民族地区基督教传播状况及社会心态研究，云南民族大学。

㊵ 王静：日本馆藏泰山府君祭祀文献研究，华侨大学。

㊶ 陶金：东亚视阈下日本宗教对话的理论与实践研究，大连海事大学。

㊷ 章衍：古典晚期地中海东部地区的民间信仰研究，华南师范大学。

㊸ 马占明：宗教中国化视域下的《古兰经》注释与研究，广州大学。

㊹ 赵广军：近代中国教会土地研究，河南大学。

㊺ 康志杰：中国天主教纳税史研究（1582—1949），湖北大学。

㊻ 涂华忠：巴基斯坦宗教管理模式与经验研究，云南省社会科学院。

㊼ 彭无情：新疆伊斯兰教中国化研究，新疆师范大学。

㊽ 贾建萍：伊斯兰教义学体系及其中国化研究，中国伊斯兰教协会。

㊾ 项秉光：晚清人士反基督教思想研究，山东社会科学院。

㊿ 唐科：19 世纪英国圣经批判文献的整理与研究，东北师范

大学。

(51) 董江阳：英美加政教关系模式的比较研究，中国社会科学院。

(52) 王梓：保罗新观与“因信称义”的中国再诠释，中央民族大学。

(53) 杨华明：基督教激进改革派研究，中国社会科学院。

(54) 刘吉涛：基督宗教与英国宪制的形成及当代影响研究，山东师范大学。

(55) 赵晓阳：圣经中译本史，中国社会科学院。

(56) 吴广成：托马斯·阿奎那《神学大全》的文本、思想与接受研究，上海师范大学。

(57) 杨桂萍：达瓦宣教运动及其风险防控研究，中央民族大学。

(58) 黄瑛：朋霍费尔宗教批判的当代意义研究，浙江大学。

(59) 杨公卫：美国藏学家金·史密斯收集的海外藏文历史宗教文献目录的翻译整理，西南民族大学。

(60) 汪舒明：美国犹太教“极化”趋势对美国外交和中美关系的影响研究，上海社会科学院。

Ⅲ. 青年项目

①魏泽吉：新时代民间信仰创造性转化的机制和路径研究，杭州市委党校。

②杨剑霄：“一带一路”沿线佛教文明交流史研究，清华大学。

③侯广信：《提谓波利经》敦煌写本整理与佛教中国化研究，南京市委党校。

④王大伟：汉传佛教医疗社会史，四川大学。

⑤陈帅：唐代因明对梵文原典的诠释与发展研究，湖南大学。

⑥王鹤琴：宋元明清时期罗汉信仰研究，青岛大学。

⑦沈伏琼：蒙元时代汉地佛教管理政策研究，新疆大学。

⑧李璐：现代化历程中的佛教慈善转型研究，陕西科技大学。

⑨李小白：元代行政管理下汉传佛教社会研究，河南师范大学。

⑩肖健美：当代印度新乘佛教研究，四川大学。

⑪石建刚：陕北宋金石窟多元文化特性研究，陕西师范大学。

⑫张书彬：物质文化交流视域下的东亚五台山佛教信仰研究，浙江大学。

⑬张九玲：西夏疑伪经研究和西夏佛经词汇数据库建设，山西师范大学。

⑭罗慕君：敦煌伪经《八阳经》汉文本整理与研究，浙江工业大学。

⑮赵文：古代丝路佛教瑜伽师梵文文献译注与研究，南开大学。

⑯南拉才让：新发现藏文古籍写本《佛教源流·明鉴眼匙注疏》译注与研究，西藏大学。

⑰拉毛卓玛：宗喀巴书信文献研究，青海民族大学。

⑱王兴：从明清佛教感应录看佛教中国化，复旦大学。

⑲由申：清代西南边疆宗教教化与国家认同研究，大理大学。

⑳李慧：方济会来华传教士康和子文献整理与研究，北京外国语大学。

㉑刘珊：《道藏》所涉道教医药思想文献的系统整理与诠释，浙江中医药大学。

㉒和梦：中缅北界跨境汉族传统宗教文化互动及其影响研究，云南大学。

㉓蒲涛：宗教人类学视域下贵州民族地区基督教中国化研究，凯里学院。

㉔ 洪晓纯："基督教中国化"视域下《约翰福音》汉语译本的整理与研究，中山大学。

㉕ 张睿：云南少数民族聚居地区城镇化进程中基督教现状调查研究，玉溪师范学院。

㉖ 冯梓珽：理查德·道金斯和西方新无神论运动研究，中国社会科学院。

㉗ 盖佳择：华化视域下的丝路三夷教文献研究，淮阴师范学院。

Ⅳ. 西部项目

① 仇王军：明清伊斯兰教汉文译著序跋研究，北方民族大学。

② 杨建伟：大理国写本佛经整理与研究，大理大学。

③ 马良成：伊斯兰教在云南的中国化历程与经验研究，大理大学。

④ 袁君煊：仪式视域下瑶族"朝踏"文献抢救、整理与研究，东华理工大学。

⑤ 杨荔薇：南传佛教禅法及其当代传播研究，贵州财经大学。

⑥ 林敏：日本古写本《首楞严经》的整理与研究，海南师范大学。

⑦ 曾楚华：道教对土家族医药的影响研究，湖北民族大学。

⑧ 向津清：晚清湘西土家族家传抄本《丧葬科仪经》整理与研究，吉首大学。

⑨ 马清虎：城镇化背景下甘宁青伊斯兰教中国化社会生态研究，宁夏大学。

⑩ 马晓琴：宗教中国化背景下明清回儒心性论研究，宁夏社会科学院。

⑪ 马玉秀：则卡特研究，青海民族大学。

⑫仁青：中国藏族居住地区藏传佛教寺院寺规文献整理与研究，青海民族大学。

⑬吉美：《印度八十四位大成就者传》的现代整理与文化解析，青海民族大学。

⑭鄂崇荣：藏传佛教在全球传播及互动态势研究，青海省社会科学院。

⑮罡拉卓玛：青藏地区多宗教文化交融的历史经验及当代借鉴研究，青海省社会科学院。

⑯吉乎林：藏传佛教在卫拉特蒙古地区的传播历史与现状研究，青海省社会科学院。

⑰林庆华：当代西方天主教托马斯主义美德伦理学研究，四川大学。

⑱郑文：乡村振兴视野下的关中民间信仰调查与研究，西北政法大学。

⑲郑妮：多民族融合视域下宗教工作法治化实证研究，四川省委党校。

⑳马龙：改革开放 40 年来新疆宗教工作的理论与实践研究，新疆自治区党校。

Ⅴ. 中华学术外译项目

①人民出版社：论儒道禅（原著作者或主编：彭富春），资助文版：韩文。

②人民出版社：儒道佛三教关系简明通史（原著作者或主编：牟钟鉴），资助文版：英文。

Ⅵ. 后期资助项目

①赵纪彬：中古佛典序跋记整体研究，河南师范大学。

②巫胜禹：中国和古印度的佛教思惟像研究，盐城师范学院。

③吴限红：宗教慈善组织参与社会服务研究，济南大学。

④雒少锋：佛教善观念研究，陕西师范大学。

⑤袁朝晖：洛克宗教宽容思想的形成与影响，中国社会科学院。

⑥孙国柱：明清之际"逃禅"现象研究，中国政法大学。

⑦程国君：丝路河西宝卷研究，陕西师范大学。

（5）2020年立项

Ⅰ．重点项目

①林倩：早期佛教缘起说文献和思想研究，青岛大学。

②夏德美：天台宗与菩萨戒中国化研究，中国社会科学院。

③巴·孟和：藏传佛教在中国蒙古族主要聚居地区本土化研究，内蒙古师范大学。

④谭后锋：西南少数民族基督教中国化理念与发展对策研究，贵州民族大学。

⑤哈宝玉：刘智"采辑经目录"宗教哲学文献的整理、考释及其对"伊儒会通"思想的理论构建研究，陕西师范大学。

⑥唐忠毛：江南"庙—镇"信仰空间与地方社会研究，华东师范大学。

⑦马明忠：中国历代宗教管理历史研究，青海省委党校。

Ⅱ．一般项目

①何长文：宗教祭祀文化在中华传统文化中的地位和价值研究，大连民族大学。

②方文：宗教和灵性心理学的跨学科研究，北京大学。

③黄毅：施莱尔马赫的宗教共同体理论研究，信仰师范学院。

④闵祥鹏：宗教医籍所见人兽共患疫病资料的整理与研究，河南

大学。

⑤陈发扬：美国无神论思想演变及发展趋势研究，西华师范大学。

⑥冷欣：现象学视野下的宗教与超越问题研究，同济大学。

⑦李勇：中国思想史上的中观学研究，辽宁大学。

⑧狄其安：汉传佛教"水陆法会"梵呗集成的记录与研究，上海大学。

⑨刘因灿：宗族研究范式下中国佛教宗派类型及结构研究，吉首大学。

⑩黄豪：明清时期西南地区佛教劝善与乡土社会治理研究，西华师范大学。

⑪张德伟：佛教中国化视野下的汉文刊本大藏经研究，暨南大学。

⑫久迈：《中观精要论》整理与诠释研究，青海民族大学。

⑬李海涛：东亚佛教圈的互动与认同研究，山东大学。

⑭刘瑶瑶：敦煌写本佛事应用文整理与研究，乐山师范学院。

⑮蔡晓菁：东亚视域下的南北朝三论学发展与嬗变研究，中国国家博物馆。

⑯武玉秀：敦煌纸本画研究，陕西理工大学。

⑰陆群：湘鄂渝黔边区宗教碑石文献收集整理与研究，长沙理工大学。

⑱叶原：6世纪上半叶中国北方地区佛像民俗化研究，西南大学。

⑲梁晓芬：南传佛教中国化的路径与实践调查研究，云南省社会科学院。

⑳ 郭俊叶：敦煌佛教供养具研究，敦煌研究院。

㉑ 常红红：甘肃东千佛洞西夏石窟研究，四川美术学院。

㉒ 闫雪：藏传佛教时轮教法传播史研究，上海社会科学院。

㉓ 石美：藏传佛教传统下《心经》历代注疏的文本翻译和教义阐释，陕西师范大学。

㉔ 索朗旺杰：藏文古籍《曼隆古如游记》翻译与注解，西藏大学。

㉕ 刁科梅：俄罗斯东正教会与君士坦丁堡东正教会关系研究，海南大学。

㉖ 孟振华：波斯时期希伯来宗教的传承与革新研究，山东大学。

㉗ 林瑜胜：宗教中国化视角下农村基督教传播状况研究，山东社会科学院。

㉘ 郭荣刚："罗马化"视域下的早期基督教研究，福建师范大学。

㉙ 邱业祥：传教士圣经注解文献整理与研究，河南大学。

㉚ 龚昊：约翰·亨利·纽曼《赞同的法则》翻译及研究，宜春学院。

㉛ 唐坚：17世纪至鸦片战争前澳门天主教堂巴洛克风格考析，暨南大学。

㉜ 陈越骅：人与自然关系视域下的教父创造论传统研究，浙江大学。

㉝ 丁锐中：秦晋地区天主教珍稀碑刻搜集、整理研究，陕西省社会科学院。

㉞ 白海提：民国新疆基督教改宗者信札研究，新疆师范大学。

㉟ 丁隆：伊斯兰激进主义与去极端化研究，对外经贸大学。

㊱金芷君：道教对中医药学重要影响贡献之研究，上海中医药大学。

㊲黄吉宏：刘渊然与元明道教治理的历史研究，江苏师范大学。

㊳秦国帅：明清全真教的历史重述及与民间宗教关系研究，齐鲁工业大学。

㊴张鲁君：宋代文人画与道家道教思想研究，山东大学。

㊵张方：明代诗文集中的道教资料汇纂与研究，陕西省社会科学院。

㊶张全晓：历代真武庙碑记搜集、整理与研究，贵州师范大学。

㊷朱展炎：道教护童仪式研究，四川大学。

㊸史书：俄罗斯汉学的道家思想研究，黑龙江大学。

㊹王卉：明清时期江西道教灵宝派研究，宜春学院。

㊺于明华：台湾妈祖宫庙在大陆地区之传播、发展与影响研究，莆田学院。

㊻刘芳：风险文化理论视域下民间信仰的嬗变机制和风险治理研究，上海政法学院。

㊼张祝平：乡村振兴中的民间信仰问题研究，浙江水利水电学院。

㊽张琰：明清碧霞元君信仰与华北社会研究，泰山学院。

㊾邢婷婷：命理信仰现状与当代中国人精神生活表达方式研究，上海财经大学。

㊿刘永红：区域宝卷比较研究，贺州学院。

㉛孟盛彬：云南人口较少民族传统宗教与风俗习惯关系研究，云南民族大学。

㉜张悦：西南少数民族地区信教人群社会心态与增强"五个认

同",四川大学。

㊺ 尹邦志:隆钦巴《法界宝藏疏》译注、研究,西南民族大学。

㊺ 谢夏珩:菲律宾南部民族宗教问题及其对我国的启示研究,云南大学。

㊺ 殷群:白族民间科仪文书整理研究,大理大学。

㊺ 英加布:藏族传统宗教与风俗习惯关系研究,西北民族大学。

㊺ 暴凤明:日本新宗教运动对当前中日关系的影响研究,中国社会科学院。

㊺ 狄鸿旭:西北乡村宗教治理现状调查与"嵌入式"整体治理研究,中央民族大学。

㊺ 钱婕:社交媒体时代的基督教传播与社会治理研究,山东师范大学。

⑳ 罗辉:"后现代主义"视域下的宗教回归及其对国际关系的影响,上海社会科学院。

㉑ 周骅:莫迪执政与当代印度教转型研究,湘潭大学。

㉒ 张世兵:新修订《宗教事务条例》在民族地区乡村宗教治理中的贯彻落实研究,邵阳学院。

㉓ 刘莹:"一带一路"沿线国家宗教极端主义发展态势及中国应对,西南政法大学。

㉔ 马金伟:改革开放以来新疆宗教治理研究,新疆社会科学院。

Ⅲ. 青年项目

①肖月:日本江户时代儒学与神道融合演变研究,南京林业大学。

②黄德凯:印度无神论的历史与现状研究,云南省社会科学院。

③丁建华:中观学中国化研究,浙江工商大学。

④范文丽:中国佛学知识体系演变史,中国社会科学院。

⑤甘伟：法称《诤正理论》译释及研究，贵州民族大学。

⑥孟瑜：多语种阿育王文献研究，中国人民大学。

⑦雷晓丽：现代性视野中的南传佛教内观运动研究，中国政法大学。

⑧徐键：敦煌写本《瑜伽师地论手记》整理与研究，浙江财经大学。

⑨李伟：明清民国东南地区寺院经济与宗法制度研究，湖南大学。

⑩陆辰叶：梵本《善说集》校勘翻译与研究，福建师范大学。

⑪黄璜：大理国写经密教文献的整理与研究，江苏师范大学。

⑫师俊华：波纳文图拉的基督教人学思想研究，陕西科技大学。

⑬冯峰：本土化视域下的中国伊斯兰教山东学派研究，廊坊师范学院。

⑭孙晓雯：中东萨拉菲主义运动的跨国比较研究，中国人民大学。

⑮李隆虎：西南地区伊斯兰教本土化研究，贵州师范大学。

⑯戚强飞：伊本·西那灵魂学说的宗教影响研究，中国社会科学院。

⑰张悦：宋元道教医疗社会史研究，郑州大学。

⑱姚琼：文化对比视野下的古代日本禳疫仪礼及疫神信仰研究，浙江工商大学。

⑲刘大为：民间信仰在农业转移人口心态秩序重建中的功能与机制研究，西北大学。

⑳周努鲁：元明时期关公信仰碑刻文献的辑录与研究，四川师范大学。

㉑何正金：明清滇西少数民族民间信仰与地方社会研究，四川大学。

㉒吴华：都市寺院景观化与城市生活关系研究，四川大学。

㉓肖云泽：改革开放以来的宗教治理及其调适机制研究，浙江工业大学。

Ⅳ．西部项目

①马海燕：中国佛教法派流变研究，闽南师范大学。

②兰却加：多元宗教文化交融视野下的藏族格萨尔信仰现状调查与研究，西北民族大学。

③斯洪桥：明清笔记中的道教文献资料整理与研究，遵义医科大学。

④耿学刚：蒙古族萨满艺术及其和谐生态观研究，内蒙古民族大学。

⑤李加太：藏族居住地区宗教生态与环境保护关系研究，青海师范大学。

⑥何启林：藏族居住地区宗教生态与铸牢中华民族共同体意识研究，青海省委党校。

⑦郭琳：中国古代编年体佛教通史的撰述与价值，西北大学。

⑧于国庆：近世道教雷部神祇之文献、谱系、图像及功能的综合研究，四川大学。

⑨胡瀚霆：韩国编撰珍稀道书整理与研究，四川大学。

⑩徐强：唐宋巴蜀密教石刻调查与研究，西华师范大学。

⑪杜新燕：圣谕坛与云南少数民族国家认同研究，大理大学。

Ⅴ．中华学术外译项目

①外语教学与研究出版社：儒释道耶与中国文化（原著作者或主

编：汤一介），资助文版：意大利文。

②上海交通大学出版社：道家思想及其现代诠释（原著作者或主编：吴根友），资助文版：俄文。

③北京大学出版社：道家政治哲学发微（原著作者或主编：郑开），资助文版：韩文。

④陕西师范大学出版社：神话叙事与社会发展研究（原著作者或主编：田兆元），资助文版：阿拉伯文。

⑤商务印书馆：藏族宗教史之实地研究（原著作者或主编：李安宅），资助文版：法文。

⑥北京大学出版社：道教文化十五讲（原著作者或主编：詹石窗），资助文版：日文。

⑦暨南大学出版社：中国多民族同源神话研究（原著作者或主编：王宪昭），资助文版：英文。

Ⅵ. 后期资助项目

①李远国：道教神学研究，四川省社会科学院。

②德吉卓玛：11世纪古藏文手抄本的整理与译解，中国藏学研究中心。

③屈燕飞：《周易参同契》文献类辑与考释，台州学院。

④王俊淇：基于梵汉藏文献的月称《明句论》译注与研究，中国人民大学。

⑤李铁华：民国时期佛教医药慈善研究，上海中医药大学。

⑥田力：晚清浙东基督教史，宁波大学。

⑦郑利群：广州基督教青年会研究（1909—1949），暨南大学。

⑧周玉茹：两晋南北朝佛教出家女众信仰与社会，陕西省社会科学院。

⑨骆海飞：两宋时期台净合流研究，苏州大学。
⑩申喜萍：元代玄教研究，四川师范大学。
⑪李明书：佛教经典视角中的性别意识，华中科技大学。
⑫李大伟：古犹太人入华研究，陕西师范大学。

此外，在哲学、历史、文学、国际关系等学科内也有一些课题涉及宗教研究，这也充分说明宗教学的跨学科意义。不过，虽然"十三五"时期所立项的课题不少，但迄今已经出版、发表的成果尚不太多。除了国家社科基金有关宗教学的项目，在教育部、统战部等部委，以及各省市地区性的研究基金等也都有涉及宗教学的研究课题，亦取得了相关科研成果，如侯冲主持的教育部人文社会科学重点研究基地重大项目"中国民间流传佛教仪式文献整理与研究"，徐以骅主持的上海高校智库"宗教与中国国家安全研究建设项目"，杨宏志主持的教育部课题"高校抵御宗教渗透问题研究"，刘义主持的上海市浦江人才计划（2017—2019）课题"'一带一路'背景下的中国—土耳其关系"和上海市教委曙光学者计划（2015—2018）课题"前线政体与转型社会——土耳其的民族主义及少数族裔问题"，张永广负责的课题"近代来华西人与晚清史研究"，以及肖清和负责的上海市曙光人才计划课题"畏天爱人：明末清初敬天思想与实践研究"等。

## （二）"十三五"时期宗教学研究代表性人物和科研成果

"十三五"时期，中国宗教学著作的出版、学术论文的发展仍保持了其继续有序发展的良好态势。不过，由于各种原因包括出版政策及论文发表规定的某些变动，宗教学学术成果的推出受到了一定影响，其出版及发表出现了逐渐且明显减少的迹象，故应引起我们的高度重视，采取必要的补救举措。相关成果及学科代表人物的情况现分述如下：

**1. 专著出版**

（1）徐以骅等：《宗教与中国国家安全研究》，时事出版社，2016年。

（2）刘义主编：《宗教与历史4：世界史视野下的宗教》，上海大学出版社，2016年。

（3）卓新平、蒋坚永主编：《"一带一路"战略与宗教对外交流》，社会科学文献出版社，2016年。

（4）马建钊、夏志前主编：《科学、宗教与人文传统》，广东人民出版社，2016年。

（5）张志刚：《宗教学是什么》（第2版），北京大学出版社，2016年。

（6）朱东华：《宗教学学术史问题研究》，清华大学出版社，2016年。

（7）段德智：《境外宗教渗透论》（再版为《境外宗教渗透研究》，人民出版社，2018年），经济科学出版社，2016年。

（8）汤一介：《儒释道耶与中国文化》，外语教学与研究出版社，2016年。

（9）王志成等主编：《全球化时代的宗教与世俗社会：问题与机遇》，宗教文化出版社，2016年。

（10）钱雪松：《张力中的朝圣者：宗教多样性问题之知识论研

究》，中国政法大学出版社，2016年。

（11）葛鲁嘉：《宗教形态的心理学——宗教传统和研究的心理学智慧》，上海教育出版社，2016年。

（12）金梦瑶：《人类学角度——殷墟卜辞中祖先崇拜研究》，中国文史出版社，2016年。

（13）李向平：《基督教中国化的社会学研究》，宗教文化出版社，2016年。

（14）李向平：《当代美国宗教社会学理论研究》，中西书局，2015年。

（15）陶飞亚主编：《宗教与历史》（第4—11辑），社会科学文献出版社等，2016—2019年。

（16）李天纲：《金泽：江南民间祭祀探源》，生活·读书·新知三联书店，2017年。

（17）范丽珠：《宗教与慈善》（Lizhu Fan, *Religion and Charity: The Social Life of Goodness in Chinese Societies*, Cambridge University Press, 2017）。

（18）郁喆隽：《神明与市民：民国时期上海地区迎神赛会研究》，上海三联书店，2017年。

（19）陈青萍、周济全：《膜拜危害的心理学预警思考》，中国社会科学出版社，2017年。

（20）何勤华等：《法律文明史（第5卷）：宗教法》，商务印书馆，2017年。

（21）范丽珠、陈纳主编：《全球化与对话》（第一辑），中国社会科学出版社，2018年。

（22）秦倩：《国际法与宗教非政府组织》，上海人民出版社，

2018年。

（23）晏可佳主编：《宗教理论前沿》，上海社会科学院出版社，2018年。

（24）沈睿文：《中古中国祆教信仰与丧葬》，上海古籍出版社，2019年。

（25）陈永胜：《中国特色个体宗教心理发展研究》，中国社会科学出版社，2019年。

（26）卓新平主编：《中国宗教学40年（1978—2018）》，中国社会科学出版社，2019年。

（27）卓新平：《宗教学史论：宗教学的历史与体系》，中国社会科学出版社，2020年。

（28）卓新平主编：《当代中国宗教学研究（1949—2019）》，中国社会科学出版社，2020年。

（29）卓新平：《世界宗教论》，中国社会科学出版社，2020年。

（30）刘新利：《世界宗教关系史研究》，香港和平图书有限公司，2020年。

**2. 部分获奖情况**

（1）郑筱筠：《中国南传佛教研究》，中国社会科学院优秀科研成果二等奖，2016年。

（2）李志鸿：《道教天心正法研究》，中国社会科学院优秀科研成果三等奖，2016年。

（3）周燮藩等：《苏菲之道——伊斯兰教神秘主义研究》，中国社会科学院优秀科研成果三等奖，2016年。

（4）李建欣等：《印度佛教汉文资料选编》，中国社会科学院优秀科研成果三等奖，2016年。

（5）梁恒豪：《荣格和中国宗教：以佛教和道教为例》（*Jung and Chinese Religions：Buddhism and Taoism，Springer*），中国社会科学院优秀科研成果三等奖，2016年。

（6）韩思艺：《信德与德性：耶儒德性伦理的会通与转化》，国家民委人文社会科学优秀成果奖，2019年。

（7）张志刚：《"宗教中国化"义理研究》，教育部第八届高等学校科学研究优秀成果著作一等奖，2020年。

（8）丁俊：《伊斯兰教文明的反思与重构——当代伊斯兰中间主义思潮研究》，教育部第八届高等学校科学研究优秀成果著作二等奖，2020年。

（9）陈明：《印度佛教神话：书写与流传》，教育部第八届高等学校科学研究优秀成果著作二等奖，2020年。

（10）李四龙：《美国佛教：亚洲佛教在西方社会的传播与转型》，教育部第八届高等学校科学研究优秀成果著作三等奖，2020年。

（11）徐以骅：《宗教与中国国家安全研究》，教育部第八届高等学校科学研究优秀成果著作三等奖，2020年；上海市第十四届哲学社会科学优秀成果著作类二等奖，2018年。

（12）程乐松：《中古道教类书与道教思想》，教育部第八届高等学校科学研究青年成果奖，2020年。

（13）徐以骅："当前我国治疆方略的民族与宗教问题研究"，获第十二届上海市决策咨询研究成果一等奖，2020年（调研报告）"全球化时代的宗教与中国公共外交"，获中央统战部全国统战理论政策研究创新成果二等奖，2016 年；上海市第十一届中国特色社会主义理论体系研究和宣传优秀成果二等奖，2016 年（调研报告）。

（14）李天纲：《金泽：江南民间祭祀探源》，获 2018 年上海社科学术著作一等奖，2019 年教育部社科二等奖。

（15）范丽珠：2018 年，（通讯作者），"Confucianism as an 'Organized Religion' – An Ethnographic Study of the Confucian Congregation," in *Nova Religio*：*The Journal of Alternative and Emergent Religions*, Vol. 21, No. 1, August 2017。获得第 17 届"托马斯·罗宾斯新兴宗教运动研究杰出奖"年度优秀论文"一等奖"（First prize winner of the Robbins Award for Excellence in the Study of New Religious Movements, 2018）。

（16）郁喆隽：《神明与市民：民国时期上海地区迎神赛会研究》，上海市第十三届哲学社会科学优秀成果（2016 年）著作类二等奖。

（17）郁喆隽："马克斯·韦伯宗教社会学第一卷第二部分的文化和方法论意义"（2011 年上海市浦江人才项目），2019 年上海高校本科重点教改项目奖励

（18）郁喆隽："韦伯慕尼黑经济史讲稿与马克思《资本论》的互文研究"（2013 年上海市社科青年课题），获 2017 年《新教伦理与资本主义精神》导读课程获得"国家在线精品课程"。

（19）陶飞亚：《晚清国家基督教治理中的官教关系》，上海市第十四届哲学社会科学优秀成果（2018 年）论文类一等奖（第一作者）。

（20）陶飞亚：《近代医学共同体的嬗变：从博医会到中华医学会》，上海市第十三届哲学社会科学优秀成果（2016 年）论文类一

等奖（第一作者）。

（21）刘义（译、校）：《土耳其的崛起（1789年至今）》。2017年优秀翻译图书奖。

（22）程恭让：《佛典汉译、理解与诠释研究》，上海市第十四届哲学社会科学优秀成果（2018年）奖著作奖二等奖。

（23）葛壮等：《长三角流动穆斯林与伊斯兰教研究》，上海市第十一届（2016年）中国特色社会主义理论体系研究和宣传优秀成果专著二等奖。

（24）黄海波："信仰视域下的宗教：兼论基督教中国化"，上海市第十四届哲学社会科学优秀成果（2018年）论文二等奖。

**3. 翻译著作**

（1）范丽珠译，杨庆堃著：《中国社会中的宗教：宗教的现代社会功能及其历史因素之研究》（修订版），四川人民出版社，2016年。

（2）吴雅凌译，西蒙娜·薇依著：《柏拉图对话中的神——薇依论古希腊文字》，华夏出版社，2016年。

（3）张卜天译，彼得·哈里森著：《科学与宗教的领地》，商务印书馆，2016年。

（4）柴晨清等译，菲利普·威尔金森和道格拉斯·查令合著：《DK宗教百科全书》，中国大百科全书出版社，2017年。

（5）陈华译，尼古拉斯·韦德著：《信仰的本能：人类宗教进化史》，电子工业出版社，2017年。

（6）常宏等译，瓦尔特·凯普斯著：《宗教学：学科的构成》，社会科学文献出版社，2017年。

（7）林艾岑、芮传明等译，高延著：《中国的宗教系统及其古代形式、变迁、历史及现状》（6卷），花城出版社，2018年。

（8）晏可佳等译，伊利亚德著：《神圣的存在：比较宗教的范型》，广西师范大学出版社，2019年。

（9）王新生（译），德里克·帕菲特著：《理与人》，上海译文出版社，2020年重版。

**4. 代表人物**

在"十三五"时期，宗教学基本理论各专业学科及其现实问题研究已经形成一批学术机构，涌现出各个领域的代表人物及学科带头人。从全国范围来看，比较突出的研究机构包括中国社会科学院世界宗教研究所，上海社会科学院宗教研究所，上海、广州等地的宗教文化研究院或研究中心，宁夏、新疆等地的民族宗教研究所，中央统战部系统的宗教研究中心及相关研究基地，以及高校范围的北京大学、中国人民大学、中央民族大学等设立的宗教高等研究院及宗教学系，清华大学、北京师范大学、复旦大学、华东师范大学、上海大学、浙江大学、南京大学、武汉大学、中山大学、山东大学、四川大学、西北大学、南开大学、陕西师范大学、湖南大学、中南大学、暨南大学、华侨大学、华中师范大学、福建师范大学等设立的宗教学系或相关宗教研究所及研究中心等。

就各学科的带头人物而言，则包括宗教史及宗教思想史研究领域的学者牟钟鉴（中央民族大学）、陈麟书（四川大学）、卓新平（中国社会科学院）、张践（中国人民大学）、陶飞亚（上海大学）、李天纲（复旦大学）、晏可佳（上海社会科学院）、孙亦平（南京大学）、朱东华（清华大学）等，在宗教哲学研究领域的段德

（武汉大学）、冯达文（中山大学）、赵敦华（北京大学）、张志刚（北京大学）、王晓朝（中山大学）、杨慧林（中国人民大学）、刘小枫（中国人民大学）、李秋零（中国人民大学）、何光沪（中国人民大学）、傅有德（山东大学）、张百春（北京师范大学）、徐凤林（北京大学）、周伟驰（中国社会科学院）、吴飞（北京大学）、徐龙飞（北京大学）、赵广明（中国社会科学院）、黄裕生（清华大学）、游斌（中央民族大学）、王志成（浙江大学）、张仕颖（南开大学）、单纯（中国政法大学）等，在宗教社会学领域的李向平（华东师范大学）、孙尚扬（北京大学）、范丽珠（复旦大学）、李华伟（中国社会科学院）等，在宗教人类学领域的金泽（中国社会科学院）、陈进国（中国社会科学院）、胡彬彬（中南大学）、王建新（兰州大学）等，在宗教心理学领域的陈永胜（浙江师范大学）、梁恒豪（中国社会科学院）等，以及在当代宗教研究领域的徐以骅（复旦大学）、罗伟虹（上海社会科学院）、邱永辉（四川大学）、石丽（上海社会科学院）等。总体来看，宗教哲学研究的队伍比较强，而宗教心理学研究则是宗教学的薄弱环节，有待提升。

## 三 研究现状

党和国家历来重视宗教问题。在"十三五"开局之年的2016年，习近平总书记在繁荣发展哲学社会科学座谈会的重要讲话中，将宗教学作为十一种对加快完善哲学社会科学具有支撑作用的学科之一；同年，习近平总书记在全国宗教工作会议上指出，坚持马克思主义立场观点方法，结合本国实际，"不断丰富和发展中国特色社会主义宗教理论,用以更好指导我国宗教工作实践"。

## (一)"十三五"时期宗教学研究的发展及其特点

回顾"十三五"时期的宗教学研究,在总体上能遵照中央部署,精心设计,合理布局,在宗教学的学科建设上取得阶段性的重要成就,为"十四五"规划中宗教学研究的进一步发展打下了良好基础。

**1. 马克思主义中国化视域下中国特色社会主义理论有所推进**

中国社会科学院世界宗教研究所、北京大学的领军人物和相关团队都开展了有关马克思主义中国化视域下的中国特色社会主义宗教理论的项目,尤其是围绕坚持宗教中国化方向的研究成果颇为引人注目,包括卓新平、张志刚等人推动的宗教中国化系列课题。上海学者在这方面也贡献卓著,如李天纲的《金泽:江南民间祭祀探源》一书,由点及面,通贯古今,提供了中国宗教研究的全新视角,在理论上具有重要的创新价值,对于以中国为原点来开展真正意义上的比较宗教研究将会产生深远的影响。而李向平在宗教社会学基础上宗教话语权的研究上同样如此。金泽、陈进国等人则将宗教人类学及宗教社会学的方法辩证地应用在当代中外宗教发展的现实领域,也取得了突出成果。

**2. 基础研究扎实深入、特色鲜明**

中国宗教学的优秀传统就是以历史研究为突出专长,撰写历史著作、修订历史文献的研究比重较大。虽然在世界宗教通史、宗教思想通史等综合性研究领域尚未出现重大突破，但在相关宗教的专史研究及其史料整理方面则已取得可喜的成就。一方面，如陶飞亚领衔的科研团队在国家社科基金重大项目的有力支撑下，在宗教史学领域已有明显进展，他们到世界各地寻访各类汉语基督教典籍而极大丰富了中国基督教史的资料，为坚持宗教的中国化方向提供了重要的文献方面的支撑。而侯冲的佛教典籍在资料收集方面也有着异曲同工之妙。另一方面，在传统五大宗教历史领域的研究也已全面开花，相关成果在不断涌现。例如，魏道儒、詹石窗、程恭让和侯冲等人的佛道教研究，张西平、汤开建、叶农等人的中国基督教史料研究，以及李林、葛壮等人的伊斯兰教研究等，都具有厚重的学术积淀，同时也不乏敏锐的现实关怀。

**3. 应用研究问题意识明确**

中国当代宗教研究的一大特点就是注重宗教现状的研究，关注其现实问题，提出相应的对策建议。其特点是对国内外重大民族宗教现实问题的反映同步，针对性强，操作性大。其中比较典型的研究团队包括复旦大学国际政治系徐以骅的"宗教与中国国家安全研究建设项目"、中国社会科学院世界宗教研究所郑筱筠组织的"一带一路"与宗教调研课题、金泽负责的周边宗教现状调研课题以及上海社会科学院宗教研究所围绕"国家高端智库"建设和国家社科基金重大项目而形成的比较重要的研究成果。

## （二）"十三五"时期宗教学研究仍存在的问题

虽然"十三五"时期取得了许多成果，但是，宗教学的学科建设仍存在相关问题和薄弱环节，值得重视和加强。

**1. 宗教学的学科建设平台略有收窄**

目前我国高校课程设置、通识教育中的宗教知识内容有所减少，学者研究专题成果的发表和出版渠道亦有待拓展。本来，宗教学是世界范围内人文社会科学研究领域中专业人员最多、涵括面最广的一门学科，理应更为活跃、有更多的投入及收获。但是，目前这一学科中我们的"研究难""调研难""发表难"之问题似乎比其他学科相对而言却更为突出。其根本原因在于究竟应该如何来理解宗教学。如前所述，宗教学所面对的是具有宗教信仰的群体及其思想和行为，这可能会导致人们对宗教研究者本身的信仰或其倾向的猜忌，其细微心态所触动的是对这些作品可能"宣教"的担忧，而实际上这是比较容易甄别的事情，只要去伪存真则不会影响宗教学科的存在及发展。而另外一个问题就是更为根本的，即宗教应不应该被研究，值不值得对之展开探讨。其回答也应该是不言而喻的，宗教作为影响如此广泛、历史如此悠久的社会文化现象或人的精神信仰需求，当然值得系统、深入而全面的研究。对此，毛泽东主席、习近平总书记早有对之应加强研究的明确指示。其实，宗教学在人文学科领域乃社会关联最为密切、对解决实际问题最为直接、跨越相关学科领域也最多的重要学科之一。我们对于如此重要的一个研究学科，不仅不该压缩，而是应该扩充、加以更为全面的展开。无论是因为误解，还是认识不到位而导致的当前宗教学之"发表难""出版难"，都将会限制、制约宗教学的发展，形成非常不利的局面。所以说，我们对于宗教学的发展及其学术成果的问世应该有"思想自信""文化自信"和"学术自信"。

由于宗教学领域的学术成果不能及时发表、顺利出版，科研人员就无法完成其科研任务，高校研究生也不能按期毕业，这可能会带来科研队伍的灾难，出现"要么出书、要么出局"的尴尬。其直接后果则一方面会使科研人员为了生存而转向其他领域的研究，造成宗教学学术队伍的萎缩；另一方面则会使报考宗教学的研究生越来越少，形成本学科后继乏人的现状。这对于当前我们中华民族文化复兴关键时刻之走向乃是极为不利的。如果没有宗教学研究，则不可能深化我们对哲学思想、历史发展、社会关系、国际局势、人类精神状态的研究，也就很难达到我们的思想解放、文化繁荣及学术发展。目前全国宗教学专业刊物不到五个（作为正式核心刊物以上的仅有三个），故使许多成果难以及时发表。宗教学研究著作也存在不能及时出版的情况，因而这几年的学术成果实际上也在明显减少。

**2. 涉及重大学术理论问题研究尚需深入和完善**

在当前马克思主义中国化视域下，中国特色社会主义宗教理论的系统化建设有待加强。由于一些重大学术理论问题的讨论被搁置，相关探究则难深入。一旦"真问题"被虚化，一些本不应该出现的"假问题"则会占据话语论坛，破坏话语氛围，干扰学术界的正常发展，甚至会影响到其合理生存。而针对社会上对宗教"误解"大于"了解"（更不用说"理解"）的状况，宗教学界的回应也明显缺位。如果不能有效讨论重大学术理论问题，宗教学界则会丧失其生命力。因此，重大学术理论问题的研究，还需加强，应保持其活力。

**3. 对于理论研究和应用研究的辩证关系的认识有待加强**

目前理论研究和应用研究都存在不少有待厘清的问题，尤其是应用研究上出现了一些不必要的敏感性，如果回避敏感话题，则学术界在相关方面的智库作用也会减弱。应用研究有其"现实关怀"，是一种具有"处境化"特点的研究；其实用性强，但同样需要正确理论的正确指导。而理论研究则需要既脚踏实地，又高瞻远瞩，具有超越性的洞观和超脱时空局限的审视。所以，理论研究与应用研究既有现实需求上的区别，也有本质考量上的关联。不能为理论而理论，导致脱离实际；也不能为应用而摒弃理论，走向随心所欲。这些问题已经迫在眉睫，都亟待妥善解决，以使中国宗教学能够真正形成其具有中国特色及时代精神的学科体系、学术体系及话语体系。

## （三）"十三五"时期宗教学主要分支学科的发展状况

在当代中国，宗教学的主要分支学科研究取得了明显进展，其跨学科研究和交叉学科探究特点突出，这反映出新时期中国宗教学研究的新思路和新发展。

**1. 宗教社会学研究**

宗教社会学是由国外引入的新兴学科，在"十三五"期间发展迅速，影响扩大。当然，若要体现中国特色，宗教社会学必须关注中国社会，且需把重点放在当代中国社会上来。如果脱离中国社会现实，宗教社会学则不可能取得具有根本性突破的成就。

这正是中国宗教社会学研究应特别注意的。在"十三五"时期，"中国宗教与社会高峰论坛"和"宗教社会学论坛"继续举办，吸引了学界的特别关注；《宗教社会学》辑刊也先后于2016年、2018年出版了其第四辑、第五辑，其研究的深度及广度都在不断拓展。在最新学术成果上，范丽珠所译杨庆堃的《中国社会中的宗教：宗教的现代社会功能及其历史因素之研究》（四川人民出版社）于2016年出了其修订版，相关研究更加深入。而卓新平所著《宗教社会论》（中国社会科学出版社，2020年），亦展开了宗教社会学的系列探讨。此外，中国社会学会于2017年成立了宗教社会学专业委员会，这一社会学与宗教学的跨学科研究明显加强。中国宗教社会学的研究体现出定性研究与量化研究的并重，其学科建设亦日臻成熟。

**2. 宗教人类学研究**

"十三五"时期宗教人类学在原有基础上出现了新的突破，其田野调研更接地气，善于发现新的研究亮点并及时推出其最新成果。如章立明等于2016年推出的《民族地区宗教信仰与社会秩序的民族志研究：以南传佛教文化区为例》（人民出版社），罗杨2016年的成果《他邦的文明：柬埔寨吴哥的知识、王权和宗教生活》（北京联合出版公司），以及金梦瑶2016年的新作《人类学角度——殷墟卜辞中祖先崇拜研究》（中国文史出版社），杨德睿2019年的著作《传承——认知与宗教人类学的探索》（商务印书馆）等；翻译著作则包括赵玉燕2016年所译罗伊·A. 拉帕波特著《献给祖先的猪》，马仲荣2017年所译拉基亚·艾拉汝伊·科奈尔著《初期女性苏菲研究》，丁宏译、A. A. 张著《东干人的习俗、礼仪与信仰》等。中国人类学民族学研究会成立的宗教人类学专业委员会在深化其跨学科探究，自 2016 年以来也召开了"人类学视野中的民族与宗教"等主题的学术会议。此外，陈进国主编的《宗教人类学》荣获社会科学文献出版社 2016 年度优秀集刊三等奖；叶远飘主持的国家社科基金项目"青川藏滇结合部多元丧俗信仰的宗教人类学研究"则于 2020 年完成结项。

**3. 宗教心理学研究**

宗教心理学研究在我国起步较晚，其研究难度也比较大。显然，这一领域乃自然科学与社会科学的跨学科研究，在中国科学院和中国社会科学院都得以展开。其研究成果包括葛鲁嘉的《宗教形态的心理学——宗教传统和研究的心理学智慧》（2016）、陈青萍和周济全的《膜拜危害的心理学预警思考》（2016）、刘欢的《道教仪式音乐及其心理影响机制探析》（2017），以及陈永胜的《中国特色个体宗教心理发展研究》（2019）等；译著则有铃木大拙等著的《禅与心理分析》（2017）等。此外，宗教心理学论坛的召开和《宗教心理学》辑刊的出版，也有力推动了这一学科的发展。中国学界在推动宗教心理学发展时，不仅注重理论研究，而且在实践上也积极参与了心理咨询等活动。宗教心理学研究除了理论深度之外，也是实践性强、应用价值巨大的学科，并有相应的技术手段及临床意义。因此，中国特色的宗教心理学研究在理论及实践两个方面都任重而道远。

**4. 宗教文化艺术研究**

在推陈出新上，宗教文化研究和宗教文学艺术研究则异军突起，有着不少创意，如禅意书画、宗教艺术、宗教建筑、宗教文学、宗教音乐、宗教节日及其民俗文化、宗教美学研究等领域都反映了跨学科研究的新动向。中国宗教学会自2017年成立宗教建筑文化专业委员会之后，已经组织了四次学术研讨会专题探究宗教建筑，并开展了对具有中国传统文化特色的宗教建筑以及与中国红色文化有着历史关联的宗教建筑之系列调研。此外，"十三五"时期召开的宗教文学、宗教音乐、宗教艺术的研讨研究也颇多。这也是宗教学跨学科探究的典型实践探索，取得了可喜成就。其最新成果包括蒋家华著《中国佛教瑞像崇拜研究——古代造像艺术的宗教性阐释》（2016）、张小燕著《梅州香花仪式——及其宗教艺术象征研究》（2018）、郑伟著《基督宗教视觉艺术传播》（2018）、苏金成著《信仰与规范——明清水陆画像研究》（2020）、卓新平著《宗教文明论》（2020）和陈粟裕著《禅意绘画》（2020）等。目前就宗教文化艺术研究能否成为宗教学下属的分支学科，以及这一学科的如何命名等问题的讨论尚在进行之中，期待其科学定论的尽早问世。

## 四 关于"十四五"时期宗教研究的若干设想

"十四五"时期的宗教学"三大体系"建设，需要厚重的科学研究之支撑。从其综合性探究来思考，建议开展以下几个方面的相关研究：

一是围绕宗教学重大理论问题，积极推进中国特色社会主义宗教理论的系统建设。为此，我们应该认真总结和系统梳理1949年以来党和国家宗教工作和实践的宗教学意义，逐步形成既有学术价值，又有现实指导意义，同时能与国际学术界交流对话的宗教学话语体系。

二是围绕"十四五"经济社会发展重大战略，立足于中华民族命运共同体的建设而继续深化现有传统宗教研究领域，关注现实社会的重大发展及重大问题，以理论联系实际来充分体现出其学科意向的中国特色。

因此，以下几个方面的研究内容值得我们高度关注：

（1）中国社会主义特色宗教理论中无神论地位和作用及其实践意义的研究。

（2）对当前邪教问题展开宗教学理论、方法和实践层面的研究。

（3）国家安全视域下的宗教问题研究。

（4）京津冀一体化、长三角一体化以及珠港澳大湾区等国家战略的相关宗教问题研究。

（5）改革开放背景下，境外宗教、新兴宗教以及准宗教现象在我国传播的现状、问题和应对措施的研究。

（6）在传统文化复兴背景下，对五大宗教之外包括民间信仰在内的传统宗教的现状及其发展趋势展开研究。

（7）加强各种具有理论和现实意义的宗教学研究"冷门绝学"和文献整理。

（8）组织国内外宗教经典和国外学术研究成果的翻译和研究。

（9）新冠疫情暴发以来世界宗教的发展变化研究。

（10）对新冠疫情之后宗教走向及其特点的研究。

（11）新冠疫情期间中外宗教的态度、举措及社会影响研究。

（12）新时期我国新疆、西藏及相关少数民族地区宗教现状研究。

# 第三章

# 宗教哲学研究

## 一 "十三五"时期的主要研究成果

宗教哲学涵括较广，是跨越哲学和宗教学等学科的综合性、关联性研究领域。总体来看，中国宗教学领域中宗教哲学的研究比较强，学术成果亦比较多，"十三五"时期这一研究领域大致包括如下一些方面的成果。

（1）马克思主义宗教哲学思想研究的主要成果有：国家宗教事务局宗教研究中心编《马克思恩格斯列宁论宗教著作精选和导读》（宗教文化出版社，2016年），王来法主编《马克思主义宗教观概论》（浙江大学出版社，2016年），卓新平著《马克思主义经典作家关于宗教的基本观点研究》（人民出版社，2017年），曾传辉主编《马克思主义宗教观研究》（2017）（社会科学文献出版社，2019年），赵子林著《大学生马克思主义宗教观教育研究——以文化安全为视角》（社会科学文献出版社，2018年），卓新平著《经典与实践——论马克思主义宗教学》（中国社会科学出版社，2020年），卓新平著《唯真与求实——马克思主义宗教观中国化之探》

(中国社会科学出版社，2020年）等。当然，这些著作大多是对马克思主义宗教观基本理论的综合性探究，只是其中部分内容涉及马克思主义的宗教哲学思想。

（2）佛教哲学思想研究的主要成果有：郑伟宏主编《佛教逻辑研究》（中西书局，2016年），张云江著《唐君毅佛教哲学思想研究》（高等教育出版社，2016年），姚卫群著《佛教与印度哲学研究》（中国大百科全书出版社，2016年），张源旺著《从空性到佛性——晋宋佛学核心论题的转换》（武汉大学出版社，2016年），史经鹏著《从法身至佛性——庐山慧远与道生思想研究》（人民出版社，2016年），解兴华著《庐山慧远与中国哲学心性本体论的建立》（西南师范大学出版社，2016年），宇恒伟著《汉地民俗佛教的哲学思考——以唐宋为中心》（中国社会科学出版社，2016年），吴忠伟著《宋代天台佛教思想研究》（宗教文化出版社，2017年），学愚著《汉传佛教义理研究》（宗教文化出版社，2017年），学愚主编《佛学思想与佛教文化研究（上、下）》（社会科学文献出版社，2017年），冯焕珍著《经藏游意——佛教义学综论》（上海古籍出版社，2017年），阿忠荣著《佛教哲学概论》（青海民族出版社，2017年），叶离集撰《佛学之哲思径观》（上海三联书店，2018年），姚卫群著《佛教思想与印度文化》（北京大学出版社，2018年）等。

（3）道教哲学研究的主要著作有：陈鼓应主编《老子的学说与精神——历史与当代》（中国社会科学出版社，2016年），袁名泽著《道教农学思想史纲要》（人民出版社，2016年），程乐松著《中古道教类书与道教思想》（宗教文化出版社，2017年），孙亦平著《唐宋道教的转型》（中华书局，2018年），郑开著《道家形而上学研究》（中国人民大学出版社，2018年，增订版），郑开著《道家政治哲学发微》（北京大学出版社，2019年）等。

（4）基督教哲学研究有一批颇有影响的学者，如北京大学的赵敦华、张志刚、吴飞、徐龙飞、徐凤林等，中国人民大学的李秋零、杨慧林、刘小枫、何光沪等，中国社会科学院的卓新平、周伟驰、董江阳、赵广明、张晓梅、刘素民等，清华大学的黄裕生、朱东华等，中山大学的王晓朝，浙江大学的王志成、陈越骅等，武汉大学的段德智、赵林、徐戬等；"十三五"时期这一领域的主要著作则有：徐戬著《基督教哲学中的灵肉问题研究》（中国社会科学出版社，2017年），吴飞著《心灵秩序与世界历史——奥古斯丁对西方古典文明的终结》（生活·读书·新知三联书店，2018年），吴功青著《上帝与罗马——奥利金与早期基督教的宗教—政治革命》（上海三联书店，2018年），董尚文著《托马斯哲学专题研究》（华中科技大学出版社，2018年），张仕颖著《路德与惠能思想比较研究》（中国社会科学出版社，2018年），卓新平著《基督教思想》（中国社会科学出版社，2020年），徐龙飞著《永恒之路——奥古斯丁本体形上时间哲学研究》《循美之路——基督宗教本体形上美学研究》（商务印书馆，2018年）、《法哲之路——论马丁·路德宗教改革作为法哲学》（商务印书馆，2019年）和《立法之路——本体形上法哲学与国家政治思想研究》（三册，商务印书馆，2020年）等。

（5）伊斯兰哲学研究的主要著作有：金宜久著《中国伊斯兰先贤——马注思想研究》（社会科学文献出版社，2016年），吴云贵著《近当代伊斯兰宗教思想家评传》（中国社会科学出版社，2016年）等。

（6）犹太哲学研究的著作有：赵同生著《迈蒙尼德宗教哲学思想研究》（上海三联书店，2016年）等。

（7）印度宗教哲学研究的著作有：姚卫群等编译《印度古代宗教哲学文献选编》（商务印书馆，2020年）等

（8）中国宗教哲学思想史的主要研究成果有：张广保、杨浩主编《儒释道三教关系研究论文选粹》（华夏出版社，2016年），牟钟鉴著《儒释道三教关系简明通史》（人民出版社，2018年）等。

（9）宗教哲学理论的主要研究成果有：吕大吉著《哲学与宗教学研究》（中国社会科学出版社，2016年），李林著《理一分殊——宗教多元论研究》（宗教文化出版社，2016年），钱雪松著《张力中的朝圣者——宗教多样性问题之知识论研究》（中国政法大学出版社，2016年），朱东华著《宗教学学术史问题研究》（清华大学出版社，2016年），卓新平著《宗教思想论》（中国社会科学出版社，2020年），游斌主编《比较经学》研究辑刊（已出10辑，宗教文化出版社），赵广明主编《宗教与哲学》（第五至八辑，社会科学文献出版社，2016—2019年）等。此外，中国学术界亦从哲学思辨、科学理性的角度探讨了宗教与科学的关系问题，其相关著作包括译著《科学与宗教的领地》《圣经、新教与自然科学的兴起》（［澳］彼得·哈里森著，张卜天译，商务印书馆，2019年）等。

## 二 "十四五"科研规划建议

如上所见，"十三五"时期，我国学者在宗教哲学研究的诸多领域取得了大量成果。宗教哲学可以说是中国宗教学研究领域的

"重中之重",如冯友兰等老一辈学者所指出的,哲学在中国文明里所占据的地位,一向可跟宗教在其他诸多文明里的地位相比。所以,中国学界一向注重以哲学的立场、观点与方法来研究宗教问题,宗教哲学的表述在中国文化语境中亦有更多的涵括。在当代中国,首先应坚持与发展马克思主义宗教观尤其是马克思主义的宗教哲学思想。与此同时,我国的宗教哲学研究还要立足中华文化优秀传统,并具有开阔的国际学术视野。这就是说,我们要继续加强马克思主义的宗教哲学思想研究,批判借鉴国际宗教哲学界的先进学术成果,深入阐发中华文化优秀传统包括宗教文化传统的丰厚哲学思想资源;只有将这三者结合起来,才能立足中国国情,跨入国际学术前沿,创建有中国特色的宗教哲学体系。据此,可以考虑围绕下列三方面来设定"十四五"科研规划的重点课题:

(1) 改革开放以来马克思主义宗教观中国化重要成果整理与研究。

(2) 当代宗教哲学前沿课题研究,如世界宗教对话的新近理论研究、宗教哲学认识论研究、儒家与基督教比较与对话研究、宗教伦理比较研究等。

(3) 中国宗教哲学思想专题研究,如"儒释道"人文精神研究、"儒释道"伦理观比较研究、道家道教自然观与生态观研究等。

## 三 宗教中国化研究

从哲学的角度来思考宗教学的理论及现实意义,"宗教中国化"的研究则极为突出。有效推动宗教的"中国化"发展方向,需要厚重的理论支撑,以此方可回顾过去、思考现今、展望未来。在"十三五"时期,"宗教中国化"研究也取得了实质性进展,为使"宗教中国化"发展行稳致远,对之理应加以深刻反思和科学谋划。

## (一)"十三五"时期的主要研究成果

"宗教中国化"研究,是由我国学界为创建中国特色宗教学理论、建构中国宗教研究的话语体系而开辟的一个学术前沿领域。自2013年,由北京大学宗教文化研究院与中国社会科学院基督教研究中心合作,共同发起"宗教中国化"研究这一重大课题以来,现已取得下列具有标志性、有国际影响的系列学术成果。

**1. 张志刚、卓新平总主编:《宗教中国化研究丛书》(宗教文化出版社,2017年至今),现已出版4种**

(1)张志刚:《"宗教中国化"义理研究》,获第八届高等学校科学研究优秀成果(人文社会科学)一等奖。

(2)张志刚、张祎娜主编:《"宗教中国化"研究论集》。

(3)杨志文主编:《伊斯兰教中国化的理论与实践》。

(4)唐晓峰:《基督教中国化理论研究》。

2020年,宗教文化出版社又推出了由张志刚、卓新平主编的《宗教中国化研究丛书精选集》。

**2. 张志刚、卓新平总主编:《基督教中国化研究丛书》(宗教文化出版社,2013年至今),现已出版26种**

(1)卓新平:《基督教与中国文化处境》,2015年获第五届中华优秀出版物图书提名奖,2020年修订出版。

（2）唐晓峰：《改革开放以来的中国基督教现状及研究》。

（3）刘金光：《主教任命制的历史嬗变及其对国际关系的影响》。

（4）孙尚扬：《基督教与明末儒学》。

（5）吴飞：《麦芒上的圣言：一个乡村天主教群体中的信仰和生活》。

（6）余国良编著：《拆毁了中间隔断的墙——基督教与转型中的中国社会》。

（7）王鹰：《试析艾香德的耶佛对话观——基督教与佛教的相遇和互动》。

（8）梁燕城：《会通与转化：基督教与新儒家的对话》。

（9）蓝希峰：《民国时期基督教社会服务研究》。

（10）李向平：《基督教中国化问题的社会学研究》。

（11）梁燕城：《当基督遇到儒道佛：中国文化与基督信仰的对话》。

（12）李韦：《吴雷川的基督教处境化思想研究》。

（13）唐晓峰：《赵紫宸神学思想研究》。

（14）韩思艺：《信德与德性：耶儒伦理思想的会通与转化》。

（15）梁燕城：《儒、道、易与中国基督神学》。

（16）刘安荣：《中国化视野下的山西天主教史研究（1620—1949）》。

（17）徐晓鸿：《景教文献研究释义》。

（18）梁燕城：《中国境界哲学与境界神学》。

（19）康志杰：《东方蒙塔尤：一个天主教社区的兴衰史》。

（20）唐晓峰、尹景旺编译：《辽金元基督教重要研究文献汇编》。

（21）中国天主教"一会一团"研究室编：《中国天主教本地化神学论集》。

（22）冯浩主编：《基督教中国化的历史进程与地方实践》。

（23）张志刚、唐晓峰主编：《基督教中国化研究》（第一辑）。

（24）张志刚、唐晓峰主编：《基督教中国化研究》（第二辑）。

（25）张志刚、唐晓峰主编：《基督教中国化研究》（第三辑）。

（26）张志刚、唐晓峰主编：《基督教中国化研究》（第四辑）。

## （二）"十四五"科研规划设想

自 2015 年、2016 年相继召开中央统战工作会议、全国宗教工作会议以来，"坚持我国宗教中国化方向"已成为我国政界、教界、学界所关注的重大课题。习近平总书记在党的十九大报告中指出：全面贯彻党的宗教工作基本方针，坚持我国宗教的中国化方向，积极引导宗教与社会主义社会相适应。由此可见，"坚持我国宗教的中国化方向"，是中国特色社会主义宗教理论的"最新创见、最大亮点"，也是构建中国宗教研究话题体系的前沿课题。有鉴于此，提出如下"十四五"科研规划的设想及建议。

（1）建议国家社科基金设立专项委托重大课题"五大宗教中国化史料整理与研究"，为期 5 年，可以考虑委托已有重要前期研究成果的北京大学宗教文化研究院与中国社会科学院世界宗教研究所基督教研究中心等机构来共同承担。从"三大体系"建设的视角来思考，我国宗教坚持中国化方向既有学术理论意义，也有社会现实意义，因为一部中国宗教史，主要就是五大宗教如何扎根中华大地、不断融入中华文化传统、适应中国社会、形成中华主体意识的历史过程。对此，历史经验教训最有说服力、感染力，而"五大宗教中国化史料整理与研究"将有力地推动"宗教中国化"的研究与实践。

（2）建议增列"宗教中国化"的民族化、地域化或地方化等专题研究，以拓展与深化"坚持我国宗教中国化方向"研究。

（3）建议继续增列佛教中国化、伊斯兰教中国化、天主教中国化、基督教中国化等专题研究，加强对道教等中国传统宗教之中国特色的彰显和弘扬。

# 第四章

# 佛教研究

## 一 佛教专业科研队伍

### （一）基本情况

我国高校和科研院所研究佛教专业的科研队伍包括：

中国社会科学院世界宗教研究所佛教研究室，中国藏学研究中心宗教研究所，兰州大学敦煌研究院，南京大学哲学系，中国人民大学佛教与宗教学理论研究所（教育部人文社会科学重点研究基地），中国艺术研究院，陕西省社会科学院宗教研究所，北京大学哲学系，中央民族大学哲学与宗教学学院，西北大学玄奘研究院，陕西师范大学宗教研究中心，四川大学道教与宗教文化研究所（教育部基地），中山大学哲学系，中国社会科学院哲学所东方哲学研究室，上海师范大学哲学与政法学院，华南师范大学，上海社会科学院宗教所，南昌大学哲学系，苏州大学哲学系，西藏民族大学，武汉大学，浙江工商大学，中国政法大学人文学院哲学系，云南省社会科学院宗教研究所，中国计量大学人文与外语学院，复旦大学哲学院宗教学系，贵州大学哲学与社会发展学院，厦门大学人文学院哲学系，东南大学人文学院哲学系，山东大学哲学系，华东师范大学哲学系，辽宁大学哲学与公共管理学院，九江学院庐山文化研究中心，西南大学哲学系，湖南大学岳麓书院，宜春学院宗教文化研究中心，台州学院天台山文化研究院，广东省民族宗教研究院宗教研究所等。这些机构都有专门从事佛教研究的学者，其中一批学科带头人具有重要学术影响。除了上述比较成建制的佛教学科研究队伍，尚有部分知名高校、知名学者以及中年学术骨干在佛教研究中具有较高影响力、在佛教研究中占有一席之地，其所属机构包括清华大学、北京师范大学、首都师范大学、浙江大学、南开大学、上海大学、南京师范大学、南京农业大学、浙江社会科学院哲学所、江南大学、福建师范大学、郑州大学、贵州省社会科学院文化研究所、鲁东大学、云南大学、华侨大学、西北民族大学、忻州学院五台山文化研究中心、内蒙古大学、暨南大学等。从综合情况来分析，中国学术界研究佛教的学者乃其最大群体之一，所推出的学术成果所占比重也比较大，因而有着较强的实力，也仍有较大的潜力可以挖掘。

## （二）简析

（1）我国高校和科研院所中，专业从事佛教研究的科研人员已达数百人，〔包括：楼宇烈、杜继文、杨曾文、方广锠、魏道儒、王忠远、郑筱筠、尕藏加、黄夏年、张总、李建欣、何劲松、纪华传、周广荣、杨健、嘉木样·凯朝、郑堆、周炜、郑炳林、赖永海、洪修平、王月清、杨维中、曹虹、张风雷、温金玉、张文良、索罗宁、田青、喻静、王亚荣、李继武、姚卫群、李四龙、班班多杰、刘成有、李利安、吕建福、陈兵、段玉明、龚隽、成建华、严耀中、侯冲、何方耀、业露华、潘桂明、索南才让、麻天祥、吕有祥、周贵华、王仲尧、肖平（慧观）、俞学明、梁晓芬、邱高兴、王雷泉、刘宇光、宋立道、张连顺、王荣国、刘泽亮、董群、陈坚、学愚、李勇、李勤合、杨富学、沈卫荣、圣凯、徐文明、游彪、郝春文、冯国栋、孙英刚、何欢欢、何孝荣、吴学国、程恭让、沈海燕、董志翘、黄征、王建光、陈永革、邓子美、谢重光、李小荣、李晓红、王路平、王公伟、杨勇、张云江、方让、赵新平、张德伟、熙·巴达玛旺朝阁等知名学者。］就其分布而言，可谓"遍地开花"。除上列比较成建制的研究队伍外，更多的情况是1—2位研究人员，分散在各个高校的哲学系（如果不设哲学系，则在政教、政法、哲社，乃至马克思主义学院之中）。除了在哲学院系中作为哲学下设二级学科存在的宗教学专业中的佛教研究专业队伍外，文史、外语（梵巴文、日语）、考古、艺术等院系，也有很多专门从事佛教研究的队伍，例如北京大学外语学院王邦维牵头的原东语系佛教研究队伍，四川大学文学院项楚领导的中国俗文化研究所，复旦大学文学院陈允吉领导的学术团队、南开大学文学院孙昌武领导的学术团队、霍巍领导的中国藏学研究所等，都具很强的研究力量。

（2）我国佛教专业研究队伍虽然规模较大，但有正式刊号的宗教学专业期刊只有3个，且皆为双月刊乃至季刊，每年能够发表佛教专业论文仅数十篇，加之大量佛教专业博士毕业有发表文章的硬性规定，致使发表平台严重不足，对佛教专业人员留用、职称评聘等人才队伍建设造成严重困难。

（3）我国佛教专业研究人员在高校科研院所中分布过于分散，一方面固然有利于跨学科交流，但另一方面由于宗教学常常是"非建制性"存在，佛教专业人员很容易转向文史、外语等其他专业，即便跨领域研究，也缺少与其他宗教研究者进行交流合作的机会。长此以往，不利于宗教学理论研究和宗教学学科主体性的确立。

（4）开设宗教学专业的高校，一般均为历史悠久、学术水准比较高的大专院校，佛教研究专业队伍在一流高校中相对集中，致使专业队伍的分布呈现"头重脚轻"的格局。这为本专业毕业生进入有对口专业的高校、科研单位就业造成一定困难，不利于人才梯队的后备建设和选拔。特别是近年来中山大学、南开大学等许多一流高校实行"非升即走"的人才政策，但佛教专业人员从一流高校"走"后，很难有其他次一级高校对口专业接收，造成人员流动过于频繁，队伍不稳定，乃至出现佛教专业科研人员流失与浪费等情况。

（5）我国宗教学专业人才队伍建设中，年龄断层情况十分严重，特别是年富力强即将承担学科带头人的"70后"十分缺乏。例如复旦大学、武汉大学等传统宗教学研究重镇，由于老一辈研究学者退休，佛教研究梯队建设遇到一定的困难；而地方院校新组建的佛教研究团队，则以青年教师为主，缺乏中年骨干研究人员。

## 二 "十三五"时期佛教专业代表性成果

### （一）重大标志性集体成果

魏道儒主编：《世界佛教通史》（全14卷），中国社会科学出版社2016年版，800余万字。该书2018年获国家新闻出版广电总局评选颁发的第四届中国出版政府奖图书奖，2019年获中共北京市委、北京市人民政府颁发的北京市第十五届哲学社会科学优秀成果奖特等奖。

## （二）具有重要原创性的学术著作

（1）张文良：《东亚佛教视野下的华严思想研究》，国际文化出版公司，2017年。

（2）萨尔吉：《〈大方等大集经〉研究》，中西书局，2018年。

（3）龚隽、陈继东：《作为"知识"的近代中国佛学史论》，商务印书馆，2019年。

（4）周裕锴：《禅宗语言》，复旦大学出版社，2017年。

## （三）在某一具体研究领域具有探索性开创价值的学术著作

（1）汤铭钧：《陈那、法称因明推理学说之研究》，中西书局，2016年。

（2）侯冲：《中国佛教仪式研究：以斋供仪式为中心》，上海古籍出版社，2018年。

（3）圣凯：《中国佛教信仰与生活史》，江苏人民出版社，2016年。

（4）才让：《菩提遗珠——敦煌藏文佛教文献的整理与解读》，上海古籍出版社，2016年。

（5）沈卫荣：《藏传佛教在西域和中原的传播：〈大乘要道密集〉研究初编》，北京师范大学出版社，2017年。

（四）经作者多年积累的厚重学术成果

（1）程恭让：《佛典汉译、理解与诠释研究：以善巧方便一系概念思想为中心》，中国社会科学出版社，2017年。

（2）周贵华：《"批判佛教"与佛教批判》，中国社会科学出版社，2018年。

（五）在某一具体研究领域具有学术突破性进展的研究成果

（1）王颂：《华严法界观门校释研究》，宗教文化出版社，2016年。

（2）张延清：《吐蕃敦煌抄经研究》，民族出版社，2016年。

（3）张云江：《唐君毅佛教哲学思想研究》，高等教育出版社，2016年。

（4）韩剑英：《宋学先觉孤山智圆思想研究》，中国社会科学出版社，2016年。

（5）张云江：《唐君毅佛教哲学思想研究》，高等教育出版社，2016年。

（6）侯冲：《"白密"何在——云南汉传佛教经典文献研究》，广西大学出版社，2017年。

（7）韩传强：《禅宗北宗敦煌文献录校与研究》，江苏人民出版社，2018年。

（8）于薇：《圣物制造与中古中国佛教舍利供养》，文物出版社，2018年。

（9）王颂主编：《太虚：近代中国与世界》（北大佛学第1辑，第2辑），社会科学文献出版社，2018年，2020年。

## 三 "十四五"时期重点选题建议

### （一）中国佛教宗派问题研究

宗教派别的分类与相互转化（church，sect，cult 等等）一直是宗教组织制度、宗教社会学研究中的经典课题。近年来，国际学术界一直在反思对以往的"religion"界定过于基督教（新教）化的问题，因而从话语体系的建设来思考，我们很有必要对"宗教"这一术语从佛教等东方宗教尤其是中国宗教的视角来重新加以界定，目前中国学界中已有部分学者也在反复强调中国的儒释道三教之教，本意为教化，故需探究"教化"与"宗教"中的"教"之寓意，以及二者之间的异同问题。

宗派问题，对于中国佛教则更为根本和重要，近代佛教领袖太虚法师提倡"八宗兼弘"，成为对中国佛教的经典叙述方式。汤用彤先生则构建起魏晋南北朝"学派"——隋唐"宗派"的学术典范。1949年之后，在历史唯物主义的指导下，人们更加注重僧团组织、寺院祖庭、教产经济在佛教宗派形成和发展中的作用。至今中国佛教史仍以各宗派历史为主要叙述方式。

但近年来，打破以往教科书式的中国佛教宗派历史叙述，反思中国佛教是否存在宗派，或者应该以什么方式来理解中国佛教的宗派，成为中国佛教史研究的重要学术热点。学界逐渐形成共识，以往对中国佛教宗派的理解过于简单化，不应该用日本佛教宗派的概念来"回溯"或构建中国佛教宗派，因为两者性质差异很大。而中国各宗派之间，如所谓的禅宗和净土宗派等，其所蕴含的"宗派"性质有根本性的区别，很难等量齐观。亦有学者从中国传统宗法制度入手，用中国传统宗族的框架模式，来重新诠释明清佛教宗派，提出"法缘宗族"的概念，颇具启发意义；而且这对于地方性佛教教派的深入研究，提供了新的理论解释框架。

中国佛教宗派问题的深入研究和理论突破，不仅可以对中国佛教叙事带来创新，而且将有助于构建中国特色宗教学理论，特别是探讨有中国特色的宗教组织制度，亦对中国道教、基督宗教、伊斯兰教的教派问题研究有对比和启发的价值。

## （二）佛教义疏学

佛教义理研究，一直是佛教研究的核心，但近年来出现学术发展瓶颈，需要产生新的学术增长点。任继愈、杜继文等前辈学者曾经提出过"佛教经学"的概念，虽然主要旨在对佛教"神学"糟粕进行批判，带有一定的时代烙印，但在很大程度上反映了佛教义理发展的重要特点，即历史上的佛教徒很少"孤明先发"，而是通过对以往佛教重要典籍不断注疏的方式来发挥新的教义思想。近年来，中国儒家的经学史研究，有比较大的进展，特别是以往研究相对空白的汉末魏晋南北朝经学史研究有较大突破，故而从"经学"

之思路出发进一步提出了"义疏学"的理论范式等思考。也有学者将这种义疏学直接引入到佛教的研究领域，提出了佛教义疏学之论。

以往佛教义理研究，主要采取概论式或佛教思想通史的方式，方立天先生将概念范畴史引入佛教哲学义理研究，撰写出《中国佛教哲学要义》这样里程碑式的著作，可见论著研究径路和题材的重要性。有日本学者撰写过《法华经》在六朝的注疏史，颇具启发意义。如果引入儒家经学的视角，并参考国际学界《圣经》《古兰经》等宗教典籍释经学的研究方式，以汉译佛经典籍或论书（如《大乘起信论》）的历史重要注疏作为研究对象，撰写出如以往中国哲学史家朱伯崑先生《周易哲学史》这样的经典著作，将会极大地促进中国佛教哲学义理的研究；而且会对进一步探讨宗教诠释学、宗教教义发展方式与特点等带来理论创新。

## （三）佛教中国化与东亚佛教研究

佛教中国化一直是中国佛教研究的重要范式，当前又具有重要的现实意义。近二十多年来，日本和我国台湾等地，都出现了少数否定汉传佛教的思潮，认为佛教在中国的发展或佛教中国化是对佛教基本教义的歪曲，进而在东亚范围内否定汉传佛教的历史价值。这是东亚佛教研究中出现的一股逆流，显然有悖东亚佛教历史的真实情况，故而应该值得我们高度警惕。其实这也反映出国际佛教研究中的"话语权"问题，中国是汉传佛教的核心之地，不应忽视这一"话语"体系的建设问题。

实际上，宗教在不同地域传播发展过程中的"处境化"研究，一直是国际宗教学界关注的焦点问题。现在业已有很多基督教史研究者开始反思，不能将基督教在欧洲的发展视为基督教历史，而将基督教在亚非的发展仅仅视为基督教"传播史"。同样，佛教中国化是佛教自身发展演变的重要成就，是包括中日韩在内的整个东亚佛教的基本形态。这是不容否定的历史事实。

东亚佛教是建立在鸠摩罗什、玄奘等经典汉译佛经基础上的。古代中日韩越各国的佛教徒都诵读、研习，并在宗教仪式实践中使用汉译佛经，同时几乎所有重要的古代东亚佛经文献，也都是由汉语文言写成的。当前中国哲学学界在韩国、日本、越南儒学领域均取得了长足进展。佛教研究界也应在东亚佛教研究方面做出自己的贡献。汉传佛教先后在韩国、日本、越南的在地化发展，不仅反映出汉传佛教在各国的不同发展状态，也为佛教中国化、处境化研究提供了重要参考。古代东亚佛教，应该视为一个整体进行研究。佛教中国化不仅是佛教在中国的适应和发展，而且具有世界性意义。

在佛教中国化研究上，汉传佛教的中国化研究比较突出，学界在对东晋僧人道安的中国化探究上讨论较多，对其"不依国主则法事难立"之论亦多有分析阐述。此外，佛教经典的汉译对于佛教中国化也起了极为关键的作用。而对南传佛教、藏传佛教的中国化问题也开始得到关注和重视，如南传佛教经典的中文翻译及注释，其适应中国当代社会的发展，以及藏传佛教起源与中国文化的关联，特别是藏传佛教传入的初期及后来发展中的中国元素之探等，都是人们所关注的焦点，相关研究也正在展开。

## （四）太虚与佛教的现代化

近年来，随着国内集中影印出版了大量民国佛经期刊，引起了海外学术界研究近现代中国佛教史的热潮,这股热潮又回流和进一步刺激了中国近现代佛教史的研究。在近现代中国佛教史的研究中,人间佛教的倡导者太虚仍然是研究的重要焦点。加之海内外公私档案等诸多材料不断涌现,太虚研究至今方兴未艾;更为重要的是,时至今日海峡两岸的佛教界仍然将太虚的人间佛教思想作为指导,同时也引发了许多讨论与争鸣。

中国佛教现代化的同时伴随着中国佛教国际化,太虚在东亚、东南亚、欧美范围内的广泛交游可谓民国时期中国文化走出去之典范。太虚的活动在当地的反响、对当地佛教的影响也是值得深入研究的议题。从现代性、民族主义,乃至全球化等多重视角重新审视太虚的人间佛教思想和实践,并将之放在世界佛教现代化的范围内观察,人间佛教是"社会参与式佛教"(Engaged Buddhism)的重要表现形态,又与20世纪基督教"社会福音"理论有着对比研究的意义。这样的研究对于反思宗教世俗化、宗教现代化等西方宗教学流派,构建中国特色宗教学理论体系,都是具有学术前瞻性的课题。

## (五)佛教仪式研究

仪式研究一直是西方宗教学研究的热点问题,而且近年来西方汉学界愈来愈将如何做(礼俗仪式)而不是如何信(新教式的信仰)作为中国宗教的核心问题。故此,"仪式"乃成为宗教文化品牌的重要标识。但相对于道教和民间宗教仪式研究来说,佛教仪式的研究相对滞后。除了佛教艺术方面的田野采风外,既有的佛教仪式研究也基本上是从经忏科仪的文本出发,进行历史学研究或阐释其教义思想基础。目前应用既有的宗教学仪式理论，结合人类学实地调查来展开的佛教仪式研究仍然十分缺乏。这一方面既是对经忏佛教的轻视，另一方面也是我国佛教学术研究工作者既有的学术方法训练不足造成的，急需补课。所以说，佛教研究在中国宗教学"三大体系"建设中颇具启迪作用，值得在相关方面率先尝试，在取得经验的基础上对之加以推介、推广。

关注中国各地的地方性佛教仪式传统的同时，也需要与东亚佛教圈内韩国、日本、越南各国的佛教仪式，乃至与藏传佛教仪式、南传佛教仪式等做比较研究。而与道教、民间宗教，乃至儒家传统祭祀等仪式活动的比较研究，也应提上当前学术发展的议事日程。通过比较研究，以阐明中国佛教仪式的重要特色，及其在中国宗教仪式传统中的地位，并力图在宗教学仪式理论上有所突破，做出中国学术界的贡献。

# 第五章

# 道教及民间宗教研究

在实施"十三五"规划之始,习近平总书记就为我国哲学社会科学工作的发展指明了方向。2016年5月17日,习近平总书记在哲学社会科学工作座谈会上的讲话中指出:"要按照立足中国、借鉴国外,挖掘历史、把握当代,关怀人类、面向未来的思路,着力构建中国特色哲学社会科学,在指导思想、学科体系、学术体系、话语体系等方面充分体现中国特色、中国风格、中国气派。"[①]并且,习近平总书记还在讲话中将宗教学明确列为支撑中国哲学社会科学的十一个重要学科之一。道教及民间宗教研究作为我国宗教学研究的重要组成部分,且体现出中国传统宗教研究的典型特点,在"十三五"时期正是按照习近平总书记所指明的这一方向,在构建中国特色宗教学学科体系、学术体系、话语体系等方面做出了应有的贡献。

---

[①] 《习近平谈治国理政》(第2卷),外文出版社2017年版,第338页。

## 一 当前道教及民间宗教研究发展的基本状况

当前，我国的道教及民间宗教研究经过改革开放四十余年来的蓬勃发展，总体上已经建立了初步的学科体系。如陈耀庭先生所说："中国道教研究学科的各个门类都已经有人把守"，"中国道教研究的各个学术领域都已经齐备，各尽所能。这是我们在三十年以前根本不敢想象的"。[①]目前，我国的道教及民间宗教研究已经形成了以北京、成都两地为学术中心，上海、山东、山西、陕西、湖北、湖南、江西、重庆、云南、贵州、江苏、浙江、福建、广东、广西等多地都有进行道教及民间宗教研究学术机构的科研力量之布局，形成了一支由学科领军人物带头，老中青学者相结合，各个研究领域都有学者专攻的专业研究队伍。

在北京这一学术中心，我国的道教及民间宗教研究主要以中国社会科学院世界宗教研究所道教与民间宗教研究室为核心，旁及北京大学、中国人民大学、中央民族大学等高校相关科研力量。在成都，则是以四川大学道教与宗教文化研究所为核心，旁及四川省社会科学院、西南民族大学、四川师范大学等单位相关科研力量。以上这些道教及民间宗教研究方向的相关科研机构，每年都会培养数十名博士研究生，不断为相关研究方向充实新鲜血液，培养优秀青年人才。尤其是四川大学道教与宗教文化研究所在这些方面的发展

---

[①] 陈耀庭：《关于道教研究的前沿问题（代序）——在四川大学宗教学研究所成立35周年庆典上的主题演讲》，载盖建民主编《回顾与展望："青城山道教学术研究前沿问题国际论坛"文集》，巴蜀书社2016年版。

比较突出。该所除每年培养博士研究生外，还常年遴选儒释道研究领域优秀博士论文，作为《儒释道博士论文丛书》集结出版，自从其于 1999 年创办以来，已连续出版 21 批共 200 余本，解决了大量优秀青年学者的博士论文难以出版的困难，为我国道教及民间宗教方向青年学术人才的培养做出了重要贡献，有力推动了我国道教及民间宗教方向学科队伍建设。

我国当代道教及民间宗教方向的研究始于中国社会科学院世界宗教研究所创立者任继愈先生的积极倡导和有力推动。而其学术领军的一个重要人物即卿希泰（1927—2017）先生，他是我国著名哲学家、宗教学家，四川大学文科杰出教授，其学术活动一直延续到"十三五"时期。他于 1980 年负责创建了四川大学宗教学研究所，并任所长、教授、博士生导师；他还曾任国家社科基金宗教学科规划评审组副组长，首届全国高校哲学学科教学指导委员会委员，中国宗教学会副会长，四川省首批学术和技术带头人。任国家"985 工程"二期四川大学宗教与社会研究创新基地、"985 工程"三期四川大学宗教·哲学与社会研究创新基地首席科学家，四川大学学术委员会委员，《宗教词典》与《中国大百科全书·宗教卷》编委兼道教分支学科主编，《宗教学研究》主编，《儒道释博士论文丛书》主编，《宗教、哲学与社会研究丛书》主编。

卿希泰编著出版了《中国道教思想史纲》（专著）二卷、《续·中国道教思想史纲》（专著）、国家社会科学基金"六五"至"八五"规划重点项目《中国道教史》四卷、国家社会科学基金"九五"至"十一五"规划重点项目《中国道教思想史》四卷、教育部人文社会科学重点研究基地重大项目《中国道教通史》五卷等 20 余种很有学术价值的著作，其中《中国道教史》等 8 种 12 册在中国台湾出版，有的著作亦被美国教授译成英文于美国出版。他还培养了数十名硕士生和博士生，其中有的已成长为国家宗教学研究的领军人物、教育部长江学者特聘教授、新（跨）世纪优秀人才、四川大学文科杰出教授等。在对外学术交流方面，他则为其他国家培养了数十名留学生和高级进修生，从而在国际学术界形成了"中国道教研究热"，影响广远。

在北京，我国道教及民间宗教方向学术领军人物和带头人为马西沙先生和已故的王卡研究员。马西沙先生是中国社会科学院荣誉学部委员，中国社会科学院世界宗教研究所道教与民间宗教研究室原主任，研究员，博士生导师，曾兼任中国社会科学院哲学片研究员资格评审委员会委员、中国社会科学院道家与道教研究中心名誉主任。马西沙先生的《清代八卦教》《中国民间宗教史》等学术专著和其编辑整理的《中华珍本宝卷》（三辑三十大册）均是我国民间宗教研究领域中"里程碑"式的学术成果，在民间宗教研究中的多个重大学术问题上做出了开拓性贡献，具有重要的学术意义。"十三五"时期，马西沙先生仍然笔耕不辍，发表了多篇学术论文，还于2017年再版了《中国民间宗教史》，为"十三五"时期我国道教及民间宗教研究做出了自己的贡献。而王卡研究员则在道教典籍研究、道教思想探究、中国宗教特色发掘上有独到见解，成果颇丰。

在卿希泰先生、马西沙先生等领军人物的带领下，以詹石窗、盖建民、张广保、张泽洪、濮文起、丁培仁、王博、郭武、王承文、孙亦平、吕锡琛、刘固盛、孔令宏、韩秉方、卢国龙、戈国龙、汪桂平、郑开、强昱、何建明、李远国、黄海德、容志毅、萧霁虹、林悟殊、李天纲、叶明生、陈进国等专家学者为中坚力量，还有尹志华、赵卫东、姜守诚、黄永锋、李志鸿、周冶、朱展炎、黄建兴等优秀中青年学者，以及大量优秀青年博士研究生，由此形成了当代中国宗教学领域道教研究的基本阵容。在大家的共同努力下，我国道教及民间宗教研究方向形成了一支老中青相结合的专业学术研究队伍，为构建具有中国特色、中国风格、中国气派的道教及民间宗教研究做出了重要贡献。

## 二 道教及民间宗教研究"十三五"时期取得的成果

"十三五"时期，在国家社科基金与教育部人文社会科学研究项目等学科基金和各高校、科研院所的支持下，我国道教及民间宗教研究领域取得了大量优秀学术成果，为进一步构建中国特色宗教学学科体系、学术体系、话语体积累了学术素材。首先，"十三五"时期我国道教及民间宗教方向最重要的成果就是国家"十三五"规划文化重大工程——《中华续道藏》编纂出版工程正式启动。《中华续道藏》项目工程主要采集明代万历以来至1949年中华人民共和国成立以前的道教文献，该工程主要任务分为三大系列：一是编纂影印本《珍本道书集成》（《中华续道藏》之原始文献编）；二是编纂点校本《中华续道藏》；三是建立《中华续道藏》电子文献数据库。整个工作时间预计为十年到十二年，分为三期工程进行，故为跨越"十三五""十四五"时期的重要科研项目。该工程的实施，将极大推进我国道教及民间宗教方向研究进展，是我国道教及民间宗教研究学术史上值得铭记的大事。其次，除《中华续道藏》编纂出版工程正式启动外，我国道教及民间宗教学界在"十三五"时期还出版了不少具有标志性意义的重大学术成果，推进了具有中国特色、中国风格、中国气派的道教及民间宗教研究学术体系、学科体系、话语体系建设。其主要成果如下：

**1.《中国道教通史》（五卷本）**

该书为由卿希泰先生主持的教育部人文社科重点研究基地重大项目"《中国道教史》修订"，四川大学道教与宗教文化研究所联合学界同人历时七年而得以完成，由人民出版社于2019年出版。《中国道教通史》（五卷本）是在《中国道教史（修订本）》（四卷本）基础上重定，进行了新的创作与提升。《中国道教通史》（五卷本）全景式展现了中国道教发展的历史脉络，客观总结了道教发生、发展和演变的历史规律，是第一部通史性道教研究专著，具有重要学术价值和资料价值。

**2.《百年道学精华集成》（十辑50册）**

该书由詹石窗主编，上海科学技术文献出版社2018年全部出版。《百年道学精华集成》是国家社会科学基金特别委托重大项目、教育部哲学社会科学重大课题攻关项目，由詹石窗教授担任首席专家，组织海内外学者，耗时12年完成的大型学术文献。该书选编1900—2010年关于道家与道教学术研究的文献，是迄今为止唯一一部关于近现代道学学术研究的文献汇编，具有重要的学术意义。

**3.《儒道释博士论文丛书》**

卿希泰先生为丛书创始主编，四川大学道教与宗教文化研究所牵头编辑，巴蜀书社出版。每年遴选儒道释研究优秀博士学位论文10部，"十三五"时期出版50部。丛书自1999年以来，已经连续出版20年，作者都是在相关领域崭露头角的年轻学者，有些已经成长为道教研究的学术带头人和学术骨干，在海内外产生了较大影响。

**4. 《中国道教版画全集》（全100册）**

该书由翁连溪、李洪波主编，中国书店2019年出版。该书是2019年国家出版基金资助项目，编纂过程历经逾十载，将国内外图书馆、高校、宫观、私人藏家等处的珍奇道教版画以时间进行排序，上起北宋，下至民国。收录700余种珍贵道书，30000余帧精美图像，成为一部跨越千年的中国道教图像史。本书是历史上道教版画的一次最大规模的集结，所收录文献可以完整反映道教版画从兴起、发展、繁荣、衰落的历史脉络以及各个发展年间的特点和风格。该书收录的大多数文献从来没有影印出版过，这些文献的面世将为道教版画领域展开全面研究和资料利用提供极大方便，甚至会推动其研究出现突破性的进展。

**5. 《东方道藏·民间道书合集》第一辑（全20册）**

由孔令宏主编，社会科学文献出版社2019年出版，全套丛书计划出版20辑，以收录民间来自道坛、宫观、乩坛、档案馆等所藏成册未刊文献，包括科仪、箓谱、宗谱、神谱、曲谱、碑刻、职牒、神像画、堪舆书、地方道教志等类。目前出版的第一辑收录未刊文献254种，彩图351幅，以宗谱、道坛宫观文献为主。

**6. 《道医集成》（81 册）**

中国道教协会编辑，学苑出版社、中医古籍出版社 2019 年联合出版。这一《道医集成》当补上"文献"二字即《道医文献集成》则更为准确，因为其以相关文献收集汇编为主。

**7. 《道藏集成第五辑·关帝卷》（全 32 册）**

《道藏集成》由何建明主编，该辑由王见川、高万桑（Vincent Goossaert）主编，中国书店 2020 年出版。关帝信仰是传统中国社会重要的信仰，与佛教、道教、儒教与民间宗教等多个方面都有密切关系。《道藏集成第五辑·关帝卷》共收录 105 种关帝文献，大致包括 8 种类型：（1）关帝文献合集；（2）关帝文献与经卷集成；（3）关帝经卷；（4）关帝忏、诵本；（5）关皇经卷与文献；（6）关帝鸾书；（7）关帝劝善文；（8）关帝灵验录。而在这 105 种关帝文献中，有 94 种从未出版。这些大量稀见关帝文献的集结出版，将为关帝信仰研究提供大量学术资料，对我国道教及民间宗教研究具有重要的学术意义。

**8. 《关帝文献续编》（全 22 册）**

濮文起、袁志鸿主编，商务印书馆 2020 年出版。《关帝文献续编》是在濮文起（署名鲁禹等）主编、于 1995 年由国际文化出版公司出版的《关帝文献汇编》（全 10 册）基础上补充、完善之作，涉及内容包括关夫子编年集注、重编义勇武安王集、三教源流搜神大全·义勇武安王、《玉泉志》节录、关圣帝君全书、关圣大帝返性图辑要实录、乾坤正气录、关帝灵感录、传说南无三界伏魔大帝关老爷宝卷、护国佑民伏魔宝卷、关帝伏魔宝卷注解、圣帝宝训像注、三界伏魔关圣帝君忠孝忠义真经、觉世经注证、玉律经宝卷、关帝明圣经全集、桃园明圣经、太上忠武关圣帝君护国保民实忏、地祇诚魔关元帅秘法、酆都朗灵关元帅秘法、广成仪制关帝正朝全集、关圣帝君万应灵鉴、关岳合祀序赞、关侯岳王暨从祀诸将列传、方志中的关帝史料、关岳文翰故事合编、戏剧曲艺、学生唱歌本等。

其他相关研究成果还包括宇汝松著《道教南传越南研究》（齐鲁书社，2017年），钟晋兰著《宁化县的普庵教与地方宗教仪式》（社会科学文献出版社，2017年），姜守诚著《中国近世道教送瘟仪式研究》（人民出版社，2017年），袁志鸿主编《北京东岳庙志》（宗教文化出版社，2018年），刘屹著《六朝道教古灵宝经的历史学研究》（上海古籍出版社，2018年），王卡著《道家与道教思想简史》（中州古籍出版社，2019年），郝平、杨波著《超越信仰——明清高平关帝庙现象与晋东南乡村社会》（商务印书馆，2019年），濮文起、李永平编《宝卷研究》（商务印书馆，2019年），濮文起著《关羽——从人到神》（商务印书馆，2020年），王卡、汪桂平点校《金盖心灯》（中华书局，2020年），王卡主编《敦煌道教文献合集》（2册，社会科学文献出版社，2020年），贺璋瑢著《广东民间信仰文化探析》（社会科学文献出版社，2020年），杨富学著《霞浦摩尼教研究》（中华书局，2020年），包朗、杨富学著《霞浦摩尼教文献〈摩尼光佛〉研究》（甘肃文化出版社，2020年）等。

总的来说，"十三五"时期我国道教及民间宗教研究领域问世了不少具有重要学术意义的突破性大型科研成果。加之"十三五"

时期在《世界宗教研究》《宗教学研究》《世界宗教文化》《道家文化研究》《道学研究》《老子学刊》《全真道研究》《正一道研究》《中国本土宗教研究》《道教学刊》等学术园地上发表的大量学术论文,还有众多具有原创性的学术专著,可以说在"十三五"时期,我国道教及民间宗教研究方向取得了可喜的成绩,为扎实推进构建中国特色宗教学学科体系、学术体系、话语体系做出了自己的贡献。

## 三 道教及民间宗教研究"十四五"规划重点课题设计

"十三五"时期,道教及民间宗教研究取得了多项重大研究成果,在学科队伍建设、人才培养等多个方面取得了长足发展。目前尚存在的问题在于大型学术成果的积累仍然主要在于传统道教文献与道教历史研究领域,其他方面的研究虽然也取得了不俗的成绩,但是具有重大影响的大型学术成果还有所欠缺。同时,在方法论转型、学科核心概念提炼、学科体系的建构上还需要进一步理论创新和突破,提升理论高度,从而推动学科范式转型,找到新的学术增长点。此外,学术界关心的一个现实理论及实践探讨的问题,即道教是否需要"中国化"以及如何进行"中国化"的问题。其达到的共识则是道教同样有着"中国化"及如何"中国化"的问题,而道教的中国化则应该从积极弘扬中华优秀传统文化以及其社会发展与时俱进这两大层面来推进,今后对之需要加大研究的力度,以寻求获得重大突破。而民间宗教及民间信仰的中国化问题则与中国社会的基层文化发展相关联，所涉及的问题包括地域文化、民俗文化、非物质文化遗产的研讨等。

基于这种对学术前沿的宏观判断，我们对道教及民间宗教方向"十四五"规划重点课题设计提出以下几种设想：

1. 出土文献研究与早期道教史研究
2. 宋元道教史研究
3. 明清道教史研究
4. 民国道教史研究
5. 道教宗派史研究
6. 西域（新疆）道教史与中华文化认同研究
7. 西南少数民族地区道教传播与中华文化多元一体研究
8. 西北地区道教研究
9. 台湾道教与福建道教关系研究
10. 敦煌道教分类研究

以上课题设计主要针对道教断代史、区域道教与民间宗教历史研究。目前道教历史研究已经有通史著作，但是断代史、宗派史和区域史的研究仍比较薄弱。除了目前学术界关注比较多的汉代道教史研究、两晋南北朝道教史研究、隋唐道教史研究外，福建、浙江、江西、四川等区域道教研究，还亟须加强。道教历史研究目前已经从通史转向断代史、专门史和区域史研究。当下的道教与民间宗教研究越来越凸显道教在各个地域的具体存在，说明道教研究出现了一个"在地化""本土化"的趋势。地方道教与民间宗教研究在社会学、人类学等学科的方法指导下已经产生了一些优秀成果，但这一领域还需要进一步拓宽细化，学界需要进一步运用多学科交叉融合的研究方法，聚焦微观，以小见大，加强"在地化"的研究，总结出具有区域化特征的成果，从而为中华文化认同、构建具有中国特色宗教学学科体系提供扎实的学术素材。

此外，在道教与民间宗教经典及其诠释、道教与民间宗教文化习俗方面，则可考虑如下课题的构设：

1. 明清道教经典整理与思想研究
2. 民间宗教经典整理与思想研究
3. 道教洞天福地与道教宫观研究
4. 道教生态思想研究及其现代价值研究
5. 道教生命哲学思想及其现代价值研究
6. 道教绘画艺术与审美研究
7. 道教造像与建筑研究
8. 道教仪式与民间信仰研究
9. 道教法术与民间社会研究
10. 道教岁时习俗与民间地方社会研究

以上课题设计主要针对道教与民间宗教经典思想及其现代诠释研究，以及其礼仪、社会生活及文化习俗来展开。道教是个文献大教，历代道教经典层出不穷，蕴含丰富思想。对传统道教教义经典，做出符合社会进步的诠释，是道教中国化的一个主要体现。以往学界对民间宗教多从历史与社会学角度探究，对民间宗教经典的思想研究重视不够，也应加强这方面的研究。

此外，地方道教与民间宗教法术、科仪与社会生活互动研究也很重要。法术与科仪，是道教与民间宗教在社会中发挥宗教功能的主要途径，现存的道教及民间宗教文献，也以大量法术、仪式类文献为主。对于道教与民间宗教仪式的研究，还是相对薄弱的环节，需要进一步加强，从而深入揭示现实社会中道教与民间宗教所起到的宗教意义。

大数据时代下的道教与民间宗教文献收集整理与信息化亦值得高度重视。对道教及民间宗教文献进行电子化、信息化整理，在这方面已经设立了一些课题，但从整体来看这方面研究还有待加强。利用不断进步的大数据技术，将道教与民间宗教文献收集整理进行资料信息化，建立电子文献数据库，能够极大地利用技术手段推进科研效率，为今后的道教及民间宗教研究起到重要推进作用。

总的来说，"十三五"时期我国道教及民间宗教领域在学科队伍与学术成果等方面都沿着在指导思想、学科体系、学术体系、话语体系等方面充分体现中国特色、中国风格、中国气派这一方向发展，而且已经取得了可喜的进展。道教及民间宗教研究是国际学术界比较关注的中国学术研究之一，根据美国学者邰谧侠（Misha Tadd）的初步统计，仅《道德经》的外译本迄今就已达73种语言、1576种译本在世界各地流行。[①] 因此，我们在这一领域的研究也必须要有国际视野，并应积极弘扬中华学术传统及其特色。在"十四五"时期，道教及民间宗教研究方向也将针对目前的不足之处与本学科的前沿问题而不断改进和推进，其特点将是如何充分展示道教及民间宗教研究的中国特色，阐述其中独特的哲理睿智和思想创见，为推动构建中国特色哲学社会科学进一步努力。

---

① 参见［美］邰谧侠（Misha Tadd）《〈老子〉译本总目》，《国际汉学》2019年增刊，外语教学与研究出版社2019年版，第14页。

# 第六章

# 基督教研究

在新时代中国特色宗教学基本理论的总体框架之内，中国基督教研究受两个基本问题的定位而决定其发展：第一，中国特色基督教研究的学科体系、学术体系、话语体系的建设；第二，基督教的中国化方向。这两个问题相辅相成，为当前中国基督教研究提供了基本方向和根本动力。

## 一 学科队伍建设

经过40年的发展，按照中国特色宗教学的总体布局，中国基督教研究学界在世界基督教、基督教自身学科体系的分支学科、中国基督教研究等方面都取得了一些进展。从基督教研究的学科队伍来看，中国社会科学院世界宗教研究所基督教研究室有着其综合研究的明显优势，相关学者包括卓新平、唐晓峰、周伟驰、董江阳、刘国鹏、王美秀、石衡潭、杨华明、王鹰等，此外还有唐逸、段琦、高师宁、任延黎、张雅平等退休学者。中国社会科学院的其他相关机构亦有一些研究基督教的学者，如中国历史研究院的赵晓阳、刘

## 第六章 基督教研究

林海（其2021年由中国社会科学出版社出版的新作《宗教改革时期的新教与罗马公教研究》就有新的开拓）等。北京大学的基督教研究亦颇具规模，有赵敦华、张志刚、彭小瑜、吴飞、徐凤林、徐龙飞、吴天岳等知名学者。中国人民大学研究基督教的专家学者则包括杨慧林、李秋零、刘小枫、何光沪、曹南来等人。清华大学有黄裕生、田薇、朱东华、瞿旭彤等人。中央民族大学的游斌等青年学者在这一领域正脱颖而出，此外还有赵士林等老一代学者。北京外国语大学的张西平及其团队将基督教研究与海外汉学研究有机结合，推出了许多研究成果，尤其是其主编的《梵蒂冈图书馆藏明清中西文化交流史文献丛刊》广有影响。北京师范大学张百春等人则在东正教研究领域特别突出。首都师范大学有林精华对东正教的研究、李枫对基督教浪漫主义的研究。在上海社会科学院宗教研究所有罗伟虹等人专门研究基督教。复旦大学研究基督教的学者颇多，包括徐以骅、张庆熊、李天纲、孙向晨、朱晓红等人。华东师大研究基督教的学者包括李向平、顾卫民、张晓林等人。上海大学以陶飞亚作为领军人物的基督教研究团队近年来异军突起，成果斐然，其青年学者刘义、肖清和等人的研究特色亦格外突出。上海师大的樊志辉在研究台湾新士林哲学及中西比较上非常独到，王志军则专于东正教研究。此外，同济大学的周萍萍、谢志斌等青年学者在基督教研究中亦崭露头角。浙江大学基督教研究传统悠久，曾有过陈村富、黄时鉴、王晓朝等著名学者，目前仍然非常活跃的基督教研究学者包括戚印平、包利民、王志成、张新樟、梁慧、章雪富等人。武汉大学以研究中世纪经院哲学闻名，相关学者包括段德智、赵林、翟志宏、徐弢、车桂等人。湖北大学的康志杰则在中国天主教研究上成果突出。华中师范大学是研究教会大学的著名学术中心，以章开沅、马敏等学者为领军人物。山东大学研究基督教的学者有刘新利、刘家峰、胡卫清等人。福建师范大学在中国基督教史、教案研究领域成果突出，这一研究领域最初由陈增辉开创，著名学者包括林金水、徐恭生、林立强等人。厦门大学研究基督教有张先清等学者。四川大学则建立有基督教文化研究中心，陈建明对基督教在华出版、田海华对圣经等都有深入研究。中山大学基督教研究学者包括张贤勇、龙秀清等人。暨南大学在著名学者汤开建的带领下基督教研究亦非常突出，形成了叶农、吴青、陈才俊等青年学者为主的研究团队。河南大学以梁工教授形成的学术团队则以研究圣经为主。中国科学院的汪前进、韩琦等人以研究中国基督教与科技史为主。此外，新疆师范大学牛汝极等学者在研究古代中亚基督教等领域中独树一帜；苏州大学姚兴富的江苏基督教研究，安阳师范学院刘志庆的天主教研究，中国海洋大学任东升的圣经研究，襄樊学院刘光耀的神学美学研究等，在学术界也颇有影响。而在全国各地的一些高校及科研机构中还有不少研究基督教及成果颇多的专家学者。在中国宗教学领域，基督教研究有着较大的发展潜力。

## （一）基督教主要研究领域的现状

**1. 世界基督教研究领域**

由中国社会科学院世界宗教研究所卓新平牵头的《剑桥基督教史》（9卷本）翻译已基本完成，在等待出版。此著作涵盖世界基督教的重要时段、重要方面、主要宗派，为中国特色的基督教研究学科体系、话语体系的建设提供了一个重要的参考坐标及知识背景。与此同时，从思想史的角度切入世界基督教的研究，从而与中国宗教学当前归属于哲学一级学科的处境相适应，一些中青年学者在基督教思想史的研究上展示出较好的潜力，如吴飞、周伟驰对于奥古斯丁作品的翻译与研究、北京大学吴天岳对于中世纪哲学的研究、华侨大学花威对于奥古斯丁的研究、中国人民大学孙帅对于路德的研究等。

**2. 基督教中国化研究领域**

由中央民族大学游斌牵头开展国家社科基金重大项目"基督教中国化的经典、礼仪与思想研究"，将沿着基督教中国化的方向，以基督教与中华学术体系的对接为目标，进行中国特色基督教研究的体系搭建工作。此研究提出，中国化方向推动着中国基督教研究走上更深、更广地普及，只有在广泛的普世基督教资源之上，中国基督教才有能力、有话语与中华文明进行对话。与中国传统学术相对接，该研究团队提出基督教经学、基督教理学、基督教礼仪学、基督教心性学的全面建设问题。

此外，在北京大学张志刚、中国社会科学院卓新平牵头的"宗教中国化"系列研究中，唐晓峰等人也推出了基督教中国化的研究成果。在"宗教中国化"探究中，基督教的中国化问题具有典型意义，因而更值得系统而深入的研讨。其关注的视角主要在政治、社会、文化等层面的基督教中国化，基督教经典的中文翻译及中国化诠释，以及爱国爱教的人才建设等。这些探讨都已经全面展开，但仍有待不断深化。

**3. 中国基督教研究领域**

上海大学陶飞亚、肖清和与北京外国语大学张西平带领的团队在中国基督教的基本史料方面搜集、整理，分别出版了《汉语基督教珍稀文献丛刊》以及"汉语基督教文献书目数据库"、《梵蒂冈图书馆藏明清中西文化交流史文献丛刊》等，为学者们进行深入系统的中国基督教研究提供了基本素材，打下了坚实的基础。在中国基督教研究的个别领域，学者们亦取得了零星突破。

除了文献的搜集和整理、研究之外，中国基督教研究的一个重要方面就是其现实状况研究。在"十三五"时期，学术界展开了对城乡基督教现状的田野调查，推出了部分成果，而对乡村基督教的发展亦有关注和研究，对其在城市化进程中的流变以及在新农村建设中的演化等也都有相应的观察和研究。其现状应该说已经有了颇为明显的变化，其社会及人口结构都发生了相应的变动。关于乡村基督教等基督教现状研究，目前田野调查开展得比较多，搜集了不少第一手材料。

**4. 圣经研究领域**

虽然圣经研究被称为"基督教神学研究的灵魂"，但中国的圣经研究与基督教传统的关联却甚薄弱。目前，有三支学术队伍值得关注：一是由李炽昌带领的旧约研究团队基于山东大学而展开了系统研究。李炽昌提出在中国语言文化处境下发展"跨文本的圣经研究"，组织上海大学、四川大学、西北师范大学等学者进行了旧约与中国经典的跨越式阅读。二是由梁工在河南大学的圣经文学研究团队。以"圣经文学研究"为抓手，从比较文学的角度对圣经进行研究。三是游斌提出"比较经学"的圣经研究方法，探索采用跨宗教经典注释的方式，用中国的宗教文化来对圣经进行创造性诠释。

除此之外，南开大学的王立新在旧约研究方面取得了一定的突破。其所著《古犹太历史文化语境下的希伯来圣经文学研究》(商务印书馆，2014年) 获得2020年度高等学校科学研究优秀成果奖（人文社会科学）一等奖。该书在综合运用和吸收历史学、语言学、宗教学、文化人类学以及文学批评理论等领域方法和知识基础上，系统研究《希伯来圣经》文化成就，涉及希伯来神话、族长传说、史诗、历史文学、先知文学、诗歌、智慧文学、小说等各种主要的文学文类。作者不但考察《希伯来圣经》总体上的历史编纂性质，而且将语言形式、文化影响、神权观念和现代诗学四重维度有机结合，在揭示古代希伯来历史文化精神的同时，深入分析了每一具体文类代表性文本的诗学特征。

2016年，江苏人民出版社推出了赵敦华著《圣经历史哲学》上下卷（修订版），在圣经思想研究的深度上有重要拓展。而对圣经诠释上的探究在"十三五"时期亦有进展，如中文译著《古代经注》(1—800)（卷3）（中文版主编黄锡木、卓新平，英文版主编约瑟·林哈德，中文译者吴轶凡，华东师范大学出版社）也在2016年得以出版发行。

**5. 宗教对话领域**

多元宗教现实推动国际宗教学界对宗教对话进行深入研究，基督教中国化的命题使得中国宗教学者对于基督教与中国宗教间的对话更多一份紧迫感。但是，近五年来，宗教对话的学术突破不是那么显著。中国人民大学的杨慧林推动了中国学术界对经文辩读的探究，而中央民族大学的游斌对于当前国际宗教对话理论界的比较神学、经文辩读、跨宗教的经典互释、分形理论等也进行了介绍，近来出版《一花一世界：分形理论视角下的佛耶对话》（［德］佩里·施密特－里克尔著，张绪良等译，宗教文化出版社，2020年）一书。此外，贵州财经大学的王蓉持续地对国际对话理论的进展加以跟踪，并发表了研究性作品。

## （二）学科专业、重点领域分布及学术成果情况

从综合性研究情况来看，基督教研究的学科队伍及其研究侧重包括中国社会科学院世界宗教研究所对基督教的系统、综合研究，北京大学对基督教思想、宗教哲学的研究，清华大学对中世纪哲学、景教的研究，中国人民大学对基督教思想文化的研究，北京师范大学对基督教神学、东正教的研究，中央民族大学对宗教理论及对话、圣经的研究，复旦大学对国际基督教现状、中国基督教历史的研究，上海大学对中国基督教历史的研究，上海社会科学院对基督教现状的研究、浙江大学对基督教思想及对话的研究，武汉大学对中世纪哲学和阿奎那的研究，山东大学对宗教改革、圣经旧约及犹太思想文化的研究，中山大学对世界基督教历史、政教关系的研究，南开大学对基督教思想及宗教改革运动的研究，暨南大学对中国基督教历史的研究，福建师范大学对中国基督教历史、教案的研究，华中师范大学对教会大学的研究，华侨大学对海外华人基督教的研究，云南民族大学对少数民族基督教状况的研究等。

"十三五"时期基督教研究以专著为主的成果包括李向平著《基督教中国化的社会学研究》（宗教文化出版社，2016年），谢必震、吴巍巍主编《闽台基督宗教关系研究》（福建教育出版社，2016年），王德硕著《北美的中国基督教史研究述论》（上海人民出版社，2016年），刘海涛著《河北基督教史》（宗教文化出版社，

2016年），丁锐中著《王徵评传》（宗教文化出版社，2016年），赵敦华著《圣经历史哲学（修订版）》（江苏人民出版社，2016年），李华伟主编《三十年来中国基督教现状研究论著选》（社会科学文献出版社，2016年），季玢著《中国当代基督教文学与新世纪文化建设》（上海三联书店，2016年），梁康民著《雅各书注释》（上海三联书店，2016年），陶飞亚、杨卫华编《宗教与历史：汉语文献与中国基督教研究》（上海大学出版社，2016年），廖翔慧著《追寻文明交融的起点：成都平原天主教的家庭支持研究》（民族出版社，2017年），黄浩仪著《腓利门书注释》（上海三联书店，2017年），林季杉著《T. S. 艾略特基督教思想研究》（人民出版社，2017年），谭厚锋等著《贵州基督教史》（中央民族大学出版社，2017年），陶飞亚主编《汉语基督教珍稀文献丛刊第一辑》（10册）（广西师范大学出版社，2017年），董江阳著《迁就与限制——美国政教关系研究》（生活·读书·新知三联书店，2017年），张错著《利玛窦入华及其他》（黄山书社，2017年），张西平著《交错的文化史——早期传教士汉学研究史稿》（学苑出版社，2017年），戚印平著《耶稣会士与晚明海上贸易》（社会科学文献出版社，2017年），徐晨超著《盎格鲁-撒克逊人基督教化研究》（浙江大学出版社，2017年），吴青著《何明华与中国关系之研究（1922—1966）》（浙江大学出版社，2017年），刘义著《全球灵恩运动与地方基督教：一种生活史的考察》（台湾基督教文艺出版社，2018年），肖清和、李灵主编《基督教与近代中国教育》（上海译文出版社，2018年），徐炳三著《"扭曲"的十字架：伪满洲国基督教研究》（科学出版社，2018年），姚兴富著《江苏基督教史》（社会科学文献出版社，2018年），蔡德贵著《西来巨儒李佳白的中国心》（人民出版社，2018 年），徐龙飞著《永恒之路：奥古斯丁本体形上时间哲学研究》和《循美之路：基督宗教本体形上美学研究》（商务印书馆，2018 年），郑伟著《基督宗教视觉艺术传播》（中国社会科学出版社，2018 年），范毅舜著《走进一座大教堂》（湖南美术出版社，2018 年），韩琦著《通天之学——耶稣会士和天文学在中国的传播》（生活·读书·新知三联书店，2018 年），李天纲著《中国礼仪之争：历史、文献和意义》（中国人民大学出版社，2019 年），赵晓阳著《域外资源与晚清语言运动：以〈圣经〉中译本为中心》（北京师范大学出版社，2019 年），叶农整理《耶稣会士庞迪我著述集》（广东人民出版社，2019 年），康志杰著《中国天主教财务经济研究（1582—1949）》（人民出版社，2019 年），王涛著《托马斯·阿奎那伦理学研究》（人民出版社，2019 年），卓新平主编《中国基督教青年会史料汇编》（第一辑）（广州基督教青年会编，宗教文化出版社，2019 年），徐龙飞著《法哲之路——论马丁·路德宗教改革作为法哲学》（商务印书馆，2019 年），唐晓峰、尹景旺编译《辽金元基督教重要研究文献汇编》（宗教文化出版社，2019 年），唐晓峰、李韦编《抗日战争时期基督宗教重要文献汇编》（社会科学文献出版社，2020 年），卓新平著《基督教思想》《基督教文化》《中国基督教》（中国社会科学出版社，2020 年），张西平著《跟随利玛窦来中国》（中国社会科学出版社，2020 年），赵晓阳等编注《中国耶稣教会小史　谢洪赉文选》（台湾华宣出版有限公司，2020 年），陈家富著《生命之灵：田立克生态圣灵论的研究》（台湾基督教文艺出版社，2020 年）等。

此外，基督教研究领域在"十三五"时期也有大量译著出版，包括《基督教神学导论》（［英］阿利斯特·麦格拉斯著，赵城艺、石衡潭译，北京联合出版公司，2017 年），《圣徒与罪人——一部教宗史》（［英］埃蒙·达菲著，龙秀清译，商务印书馆，2018 年），《国王的两个身体——中世纪政治神学研究》（［德］恩内斯特·康托洛维茨著，徐震宇译，华东师范大学出版社，2018 年；此书另一中译本为［德］恩内斯特·坎托洛维奇著，尹景旺译，上海社会科学院出版社，2020 年），《不灭的火焰——宗教改革简史》（［英］迈克尔·里夫斯著，孙岱君译，上海三联书店，2019 年），《现代性的神学起源》（［美］迈克尔·艾伦·吉莱斯皮著，张卜天译，湖南科学技术出版社，2019 年），《社会学家笔下的基督教史》（［美］罗德尼·斯塔克著，张希蓓译，中国社会科学出版社，2019 年），《爱与圣奥古斯丁》（［美］J. V. 斯考特、J. C. 斯塔克编，王寅丽、池伟添译，漓江出版社，2019 年），《神学与科学的想象——从中世纪到 17 世纪》（［美］阿摩斯·冯肯斯坦著，毛竹译，生活·读书·新知三联书店，2019 年）等。

## 二 本领域需要关注的问题

当前，中国基督教研究是哲学（一级学科）下面的宗教学（二级学科）里的三级学科，但在世界学术体系里，无论从学术队伍还是学科影响力来说，基督教研究都具有与哲学学科的平行地位，而世界上研究基督教的学者也是在各宗教研究中最多的一个群体。因此，中国作为一个学术大国绝不可忽视对基督教的研究。回顾以往研究的情况，我们形成中国特色的基督教研究还需付出巨大努力。

## （一）应该关注的问题

**1. 体系性建设**

建立中国基督教研究的学科体系、学术体系和语语体系，是本领域的学术战略目标。如何理解基督教研究的体系性，值得学术同行们深入讨论。在空间上来说，我们不仅应该关注基督新教传统，对于历史更为悠久、人数更为众多的天主教传统的研究更需要大力加强。同时，对于东正教以及亚非的东方教会也需要有一个全面的研究。只有这样，基督教的广泛社会意义、历史文化意义才可能得以展示出来。就基督教的内部结构而言，以往中国基督教研究偏重于对基督教思想或历史方面，而对于基督教的灵修传统、礼仪神学、经典研究都注视得不够。只有把这些内部缺陷填补上，中国特色基督教研究的体系性才能建立起来。

**2. 基础性建设**

由于学术评价的问题，学者们注重于创新性论文或著作的写作；但是，对于中国基督教的学科体系而言，一些基础性的工作仍有待建设。中国基督教文献的整理已经初具规模，但是，世界基督教的文献整理方面却还没有迈开关键步伐。如何介绍并初步呈现世界基督教文献，仍有待人们进行讨论和尝试。在一些基础性的工具书方面，也有必要进行翻译整理。甚至中文本《圣经》本身，也需要认真考虑用当代中文表述来重新翻译的问题。只有基于这些关涉中国处境的研究考量，才能为未来的中国特色基督教研究打下一个长远的基础。

### 3. 学术团队的建设

由于种种原因，基督教研究的中青年梯队建设仍需加强，目前我们学者队伍的基础仍然不太牢固，从古典语言的掌握、原始资料的发掘等方面亦有很多不足，尤其需要在我们的研究中系统性地确定关键领域，通过合作研究的方式，使梯队得以成型、团队得以磨合、人才得以成长。

## （二）存在的薄弱环节

经过近40年的宗教学学科建设，我们的基督教研究虽然取得了令人瞩目的成就，但在许多领域中仍存在如下一些薄弱环节。

### 1. 缺少系统性的基础文献建设

与其他宗教研究相比，基督教在中国本土化程序仍然不高，反映在基础文献方面差距较大。从中国宗教学研究的全局来看，佛教的《大藏经》、道教的《道藏》已多次进行提要研究或尝试新的编修工程，甚至组织研究队伍进行《续大藏经》《续道藏》工程，而民间宗教的文献整理及出版近年来也取得了长足的进步。这些为一些具体宗教的深入研究提供了坚实基础，故此在基督教研究领域也应确定相似的研究领域，并展开初步的协同攻关研究。

### 2. 对基督教的研究还较为片面

基督宗教分为三大宗教派别（或者更多的宗派，如东方教会等），但是，国内基督教研究现状主要是通过基督新教的角度来了解，这使得国内学术界、管理界对于基督教的理解较为片面，不够全面，诸如天主教、东正教的整体情况，基督教的灵修传统、礼仪传统、经学传统、教会法等，基本上都尚未深入开展。这使得国内学术界对于世界宗教的了解、人类命运共同体的建设所面临的信仰多样性及其复杂社会关联等，都缺少充分的信息。

**3. 基督教研究的重大项目仍然偏少，对取得重要成果的研究应加强持续性支持**

目前为止，以基督宗教为研究对象的国家社科基金重大项目不到10个，与基督宗教在世界和国内的重要影响并不相称。重大项目的研究成果产出仍需加强管理。除了卓新平、陶飞亚等学者主持的重大项目外，其他重大项目的成果有待督促。对于已经取得重要成果的重大项目，如由卓新平组织的世界基督教史翻译，应持续地加以支持与培育，以期能够从中衍生出中国学派的世界基督教史及其思想文化史的研究写作。

## 三 "十四五"规划本领域研究重要问题、重点课题建议

### （一）在世界基督教研究领域的课题

**1. 梵二后的天主教文献整理及研究**

梵二会议是当代世界天主教发展的一个重要转折点，在其后的50多年时间里，天主教推出了一系列的教理教义及训导文献，这对

于天主教的现代转型具有重要的指导意义和参考价值，而且对于基督教内的普世对话、东西方和好等也产生了重大影响。因此，对这批文献进行整理研究，对于了解基督教的现代转变具有重要意义。

**2. 当代基督教的思想家或教会领袖研究**

无论是东方教会、东正教、新教还是天主教，都出现了一批标志性人物或思想家，如天主教教宗、东方教会牧首、当代神学家等。如果能够系统地对他们展开个案研究，则可以揭示出当代世界基督宗教的总体面貌。

**3. "一带一路"的基督宗教国别研究**

"一带一路"上有众多国家是传统基督教国家，迄今仍保持着其深远影响。对它们进行深入系统研究，对于建设"一带一路"具有重要意义，对于我们深入了解普世基督教传统，尤其是东方教会的社会文化，并将之与中国基督教相参照，亦意义重大。

**4. 当代海外汉语神学作品集成**

基督教中国化是包括海外华人在内的重要社会和文化工程，海外华人神学家用汉语写作、出版了众多的神学作品。它们对于基督教中国化来说具有重要意义，其作用就如同海外新儒家之于中国大陆儒学。对这些作品进行整理研究，能增强海外华人基督徒对中国的向心力，对于中国大陆本身的基督教中国化研究亦有重要的参考价值。

**5. 对世界基督教文献进行集成式整理、翻译与研究**

今后的基督教研究发展应该以时间段或区域为单位，站在中华文明与基督教文明对话互鉴的高度，以国家文化工程的姿态，推动对古典时期、中世纪、现代和当代基督教思想、礼仪、释经作品的整理、翻译与研究，从而为基督教中国化的释经、神学思想建设提供重要的参考价值。

**6. 对世界基督教的普世对话运动进行深入研究**

当代基督教各宗派之间的普世对话，既产生了重要的社会效果，促进了宗派间、不同国民之间的理解，也是当今重要的基督教思想产生的总体背景。应对世界基督教在神学、礼仪与制度上的普世对话成果加以系统的深入研究，使其为基督教中国化提供有益的动力。

## （二）在圣经研究领域的课题

**1. 圣经诠释的通史性研究**

圣经诠释在数千年的基督教历史上是如何进行的，有哪些基本方法，又造成了哪些神学思想运动，乃至社会运动等，这些在中国基督教学术界尚缺少贯通性研究。通过加强这一方面的研究，可使中国基督教界对于基督教经学与神学变迁的关系形成清晰了解，并对中国化的圣经诠释学产生重要的参考价值。

**2. 对圣经评断学的评估与回应研究**

近代圣经评断学的兴起，对于现代基督教的转型起到了重要的推动作用。如19世纪盛行的德国圣经评断学及其"杜宾根学派"，对于基督教思想转型、德国社会变迁、德国古典哲学向其现代发展的过渡以及马克思主义的思想资料积累等，都起到了举足轻重的作用。与此同时，基督教思想界也在消化、吸收并转化圣经评断学所提出的挑战，如正典评断学、梵二会议后的天主教经学等，这些都应加以深入研究，并考察它们对于基督教中国化中的圣经诠释的意义之所在。

**3. 从中国化角度对圣经进行系统诠释工作**

在中国基督教历史文献中，少有系统成熟的圣经诠释作品。而海外华人进行的圣经诠释工作，又与中国社会和文化之间有一层隔膜。因此，从基督教中国化、中国文化与基督教文明对话的视角，对基督教圣经进行逐卷的诠释工作，将在圣经诠释的高度为基督教中国化提供动力，从而使基督教真正成为中国新文化的有机组成部分。

## （三）在宗教对话领域的课题

**1. 对当前国际前沿的宗教对话理论进行介绍与研究**

近二十年来，国际宗教学界提出了若干种宗教对话理论，既注重理论的探索，又重视实践上的宗教间对话实践，如跨宗教经典注释、分形理论等。有必要对这些宗教对话的理论进行深入系统的探索，并按照中国宗教文化的实际加以新的发展，赋予新的内涵，从而提出有中国特色的宗教对话理论。

**2. 对中国自身的对话模式进行提炼和总结**

以基督教中国化为入手点，探讨中国宗教史上的多元宗教对话路径、原则与理念，并提炼出具有普遍意义的、以国际学术话语表述的宗教对话模式。

在"十四五"时期，基督教研究领域推动中国宗教学"三大体系"建设的任务或许最为艰巨，其原因就在于世界基督教研究尤其是西方基督教研究经过约两千年的历史发展而已达到体系完备、资料丰富、经验成熟之境，其研究成果巨多，相关资料浩如烟海，故对其超越的难度极大，可以说是最为严峻的挑战之一。在其研究过程中，中国学者与国际学者有着广泛的接触和各个领域的对话，所谓"国际接轨"在基督教研究中亦最为直接、最为广泛。为此，中国基督教研究要想对中国宗教学"三大体系"建设做出真正有价值的贡献，就必须做好充分准备，有知己知彼的认知，展开对世界基督教全面而系统的探究，而且还应该发掘新的资源，在对比借鉴的基础上另辟新径、出奇制胜，形成我们独有且被学界公众所认可的话语体系、学术表达和学科建设。这就要求我们以开阔的国际视野来面对并了解世界基督教研究的状况，同时回到中国思想文化的源端来审视、熟悉基督教在中国所面对的社会处境和话语氛围，以及由此而形成的问题意识和对话沟通的交汇之点，发掘中国文化思想之库，形成以中国文献为主的资料线索和知识积累，达成以中国语言为主、中国思想表达为特色的中国话语主体，由此以这种审视和研究来重构中国基督教研究的学科体系、学术体系及话语体系，真正实现"中国化"的当代基督教学术研究。

# 第七章

# 伊斯兰教研究

## 一 近五年来伊斯兰教研究学科主要课题与成果

在"十三五"时期,伊斯兰教研究在中国宗教学领域仍然发挥了重要作用,其学科建设有了明显推进,推出了一批重要研究成果。不过,由于各种复杂原因,伊斯兰教研究在成果发表上出现困难,特别是其学术专著出版不易,相关论文也有所减少。其实,伊斯兰教问题研究十分必要,是当前在许多领域都必不可少的。因此,我们必须面对现实,想出妥善、可行的办法来克服困难,争取在"十四五"时期能有更好的发展。现对其相关研究的具体情况分述如下。

### (一)伊斯兰教中国化研究

"伊斯兰教中国化"是 2016 年以来国内伊斯兰教研究的关键词,学术界虽然出版的相关专著不是很多,但已先后发表了一些专门阐述此问题的重要论文。根据知网检索,2017 年以"伊斯兰教中国化"为主题的检索结果共有论文56篇,2018年则有37篇。[①]尤其是《世界宗教研究》《世界宗教文化》《中国宗教》《中国穆斯林》《回族研究》等都相继刊登了一些从理论和现实层面探讨伊斯兰教中国化的论文。

吴云贵《从刘智〈天方典礼〉看伊斯兰教中国化的路径方式》(《世界宗教研究》2019年第3期)一文以刘智的《天方典礼》为文本依据,探讨了伊斯兰教中国化的路径。文章提出,伊斯兰教中国化是中国穆斯林在历史进程中自我选择的一条正确的生存发展道路,如同历史上伊斯兰教中国化取得的成功经验一样,今天中国穆斯林大众也同样能够沿着历史的足迹,在中国特色社会主义建设中极大地丰富宗教中国化新篇章的内容。

李林从国法与教法的角度,连续撰写了系列文章探讨伊斯兰教的中国化,包括如下5篇专门论文:(1)《教法何以随国法?——从国法与教法关系看伊斯兰教的中国化进程》(《世界宗教研究》2016年第6期)[②],该文提出,伊斯兰教法在中国经历了"由俗而制,由制而礼"的演变,"教法随国论"即是对此历史经验的总结和升华,其当代作用在于理顺政教关系,整合国家认同与宗教认同,抵御"教法治国论"等极端思想。(2)《"教法随国论"——理解伊斯兰教法中国化的新视野》(《文化纵横》2018年第1期,后收入张志刚主编《"宗教中国化"研究论集》)认为,伊斯兰教法中国化的本土经验可概括为"教法随国论"即"教随人定,法顺时行",该文从中国政治与宗教关系的角度入手,在中国传统"政

---

① 2018年伊斯兰教类论文发表的统计数字引自杨文炯《坚持宗教中国化:2018年中国伊斯兰教的主治话语》。

② 该文后为人大复印报刊资料《宗教》2017年第2期转载。

主教从"的政教关系模式下，深入探讨了伊斯兰教法中国化的历史演变，为理解伊斯兰教中国化提供了新方向、新视野。该文与《教法何以随国法？——从国法与教法关系看伊斯兰教法的中国化》为姊妹篇。一为史，一重论；一为历史进程，一为理论探讨，相互阐发。(3)《礼法、教道与法治化——伊斯兰教法中国化的传统方向与现代挑战》（会议论文），此文集中探讨伊斯兰教法中国化从礼法化的传统方向如何转变为法治化的问题。(4)《六和合：伊斯兰教参与构建健康宗教关系的可行之路》（《中国民族报》2018年4月9日），该文提出，中国伊斯兰教构建"健康宗教关系"应从"六和"即心和、意和、政和、教和、身和、体和入手，处理好党和政府与宗教、社会与宗教、国内不同宗教、我国宗教与外国宗教、信教群众与不信教群众五种宗教关系。(5)《伊斯兰教中国化的五条路径》，其立意是从历史经验出发，将伊斯兰教中国化的实践路径总结为如下"五路"："爱国爱教"即政治认同的中国化、"华化内化"即社会身份的中国化、"由俗而礼"即宗教制度的中国化、"经学系传"即教职人员的中国化以及"汉文译著"即思想文化的中国化；此文重点论述了五个问题：以"爱国爱教"构建政治认同，以宗族和寺坊构建集体社会身份，以"教随人定、法顺时行"协调国法与教法关系，以融通传统经学与现代知识培养宗教人才，以"伊儒会通"弘扬汉文译著。

其他代表论文有：马景的《金吉堂先生与〈月华〉旬刊》、杨发明的《坚持伊斯兰教中国化方向弘扬爱国主义传统》、高占福的《改革开放以来的伊斯兰教中国化研究》、朱剑虹的《正确看待新疆宗教历史 深入推进新疆伊斯兰教中国化》、亓子龙的《新时代伊斯兰教中国化的三个共识维度》等。对"十三五"时期这一研究的分析与总结，则有丁明俊、马成明的综述性论文《近年来伊斯兰教中国化研究的回顾与思考》（《世界宗教研究》2020年第2期）等。

在专著方面，由高占福和敏俊卿合著的《伊斯兰教与坚持中国化方向研究》（宗教文化出版社，2019年）从七个方面展开了相关论述，包括：伊斯兰教中国化的历程，历代中央政府对伊斯兰事务的管理，伊斯兰教育和思想文化的中国化，伊斯兰建筑与礼仪习俗的中国化，新疆伊斯兰教的中国化，伊斯兰教中国化的经验以及新时期坚持伊斯兰教中国化方向的理论与实践等。此外，相关专著还有马娟著《元代伊斯兰教研究》（上海古籍出版社，2020年）等，对伊斯兰教中国化的历史进程有着相关描述与分析。

而在论文集方面，由张志刚、卓新平总主编的《宗教中国化丛书》之一的《"宗教中国化"研究论集》①收录了五篇关于"伊斯兰教中国化研究"的论文，分别是：金宜久的《三论伊斯兰教在中国的地方化和民族化》、杨发明的《宗教中国化方向是中国伊斯兰教的必由之路》、高占福的《从外来侨民到本土国民——回族伊斯兰教在中国本土化的历程》、李林的《"教法随国论"：伊斯兰教法中国化的本土经验与普遍意义》、杨文炯的《伊斯兰教在中国的本土化：适应、创新与根植》。这几篇文章的研究从历史与现实、本土性和民族性的多元视角充分揭示了中国伊斯兰教的"中华性"，发掘了伊斯兰教中国化的思想资源，强调其具有根深蒂固的历史文化基础。

---

① 张志刚、张祎娜主编：《"宗教中国化"研究论集》，宗教文化出版社2018年版。

## （二）伊儒会通研究

习近平主席在亚洲文明对话大会开幕式的主旨演讲中指出，中华文明是在同其他文明不断交流互鉴中形成的开放体系。从历史上的佛教东传、"伊儒会通"，到近代以来的"西学东渐"、新文化运动、马克思主义和社会主义思想传入中国，再到改革开放以来全方位对外开放，中华文明始终在兼收并蓄中历久弥新。"伊儒会通"是中国伊斯兰教中国化道路上的重要举措，习近平主席重提"伊儒会通"传统，不仅是对中国伊斯兰教优良传统所做出的充分肯定，而且为新时代坚持伊斯兰教中国化指明了新的方向。

为此，《中国宗教》杂志特别辟出"'伊儒会通'传统与新时代伊斯兰教中国化"专栏，该刊编者还加了题为"什么是'以儒诠经'"的编者按。由此刊登的文章有杨桂萍的《文明互鉴伊儒会通》，韩星的《儒学在历史上对我国伊斯兰教的影响》，王树理的《坚持以儒诠经传统努力寻找中华传统文化与伊斯兰教教义的契合点》，米寿江的《金陵学派对"伊儒会通"的贡献》，谢世超的《伊儒会通：明清时期的经堂歌探析》，哈正利、刘占勇的《伊斯兰教中国化进程及其理论反思》等。

除了《中国宗教》杂志外，其他相关刊物如《世界宗教文化》《中国穆斯林》《回族研究》亦发表了伊儒会通类文章，其中代表性的论文有：方金英的《新时代重新认识"以儒诠经"运动及其意义》、马景的《马坚对"伊儒会通"的继承与发扬》和《王浩然阿訇与近代穆斯林的开智活动》、沈一鸣的《"伊儒会通"的典范——以舍起灵和刘智对术语 fanā' 汉译为例》、金贵的《明清回儒汉文译著研究的当代启示》、马琳娜的《陇上名儒张质生对伊斯兰教的几点观察》、金刚的《"回儒"和"西儒"思想活动的新时代思考》等。

其中，马景的《马坚对"伊儒会通"的继承与发扬》提出"伊儒会通"是明清时期伊斯兰教与中国儒家交流与融合的文化传统，在中国伊斯兰教史上具有重要的文化地位和影响。文章回顾了明清时期"伊儒会通"的形成与发展，详细梳理了穆斯林学者马坚对这种文化传统的继承与发扬。文章认为，与明清穆斯林译著家相比，马坚的贡献在于将《古兰经》翻译成汉语并公开出版，这不仅实现了《古兰经》翻译的中国化，而且进一步推动了伊斯兰教中国化的发展。

此外，马景的《王浩然阿訇与近代穆斯林的开智活动》一文认为，北京牛街王浩然大阿訇参与了这一相互对话与交流活动，其中有如下主要活动及特点：他积极从事近代穆斯林群体的开智活动，并通过考察土耳其等伊斯兰国家以了解外部世界的发展现状；他主动开展公益活动，以救助生计艰难的底层民众；他通过改良穆斯林中相沿已久的礼俗，以顺应时代的发展需要；他主张通过教育以提升穆斯林的知识水平；此外他还通过创办报刊，为进一步开通民智而作宣传。

### （三）伊斯兰文明与文化研究

这一研究领域的代表性专著有李林著《伊斯兰文明》（云南人民出版社，即将出版）。该书是中国社会科学院原副院长汝信主编的《世界文明史》丛书之一。

## 第七章 伊斯兰教研究

《伊斯兰文明》一书旨在向读者解答关于伊斯兰文明的一系列问题：伊斯兰文明是什么、经历哪些历史阶段、取得过哪些辉煌成就，同时揭示出伊斯兰文明为什么会形成其时代及地域特色，以及探究如何解决文明必须面对的一系列重要问题等。该书将伊斯兰文明解读为典型的"中间型文明"，其特点为崇尚中道、善于沟通，以贸易型中间人和技术型中间人为代表，而核心动力就来自其普世性与多样性特质。该书围绕中间型文明的特点，完成了两项工作。一项工作是围绕伊斯兰文明是什么，通过纵横两个维度的叙述，交织出一个立体的伊斯兰文明。其内容从孕育伊斯兰文明的土壤出发，回顾了伊斯兰文明的兴起、四大正统哈里发时代、古典时期的伍麦叶王朝与阿拔斯王朝以及近现代伊斯兰教的发展，然后再到对伊斯兰文明的横向解析，论述了伊斯兰文明的信仰支柱、宗教经典、礼仪制度、本土经验及其交流互鉴。另一项工作则围绕伊斯兰文明怎么办来展开，揭示出伊斯兰文明延续至今的秘密，其内容包括：伊斯兰文明是怎么走向世界的，怎么在普世与多样的张力间找到了动力？伊斯兰文明怎么确立权威，这种权威的方式今天面临什么样的问题？伊斯兰文明怎么传承其最高权力，这种权力的传承带来了哪些问题？伊斯兰文明是怎么维持其秩序的？伊斯兰文明是怎么进行文明交往和对话的？伊斯兰文明是怎么维持科技发展、经济繁荣的？伊斯兰文明是怎么维持其内部运转的？伊斯兰文明怎么兴起后又转向衰败的，以及其又采取过哪些措施来延缓其生存与发展、防止其弱化及衰败的？最后，伊斯兰文明是怎么融入中华大地，并与中华文明共同塑造了世界独有的中国伊斯兰传统的？

研究伊斯兰文明的代表性论文则包括有张美霞的《元明时期伊斯兰文化对我国青花瓷的影响》，韩敬文的《元代青花瓷纹样中的伊斯兰文化因素》，梅腾的《伊斯兰文化对新疆民居的影响》，朱光亚的《中国传统文化与伊斯兰文明》，以及《从整体性视角认识伊斯兰文明——华涛教授访谈》等。2019年，商务印书馆再版了由埃及学者穆罕默德爱敏所著，纳忠等人翻译的系列丛书《阿拉伯伊斯兰文化史》。

这一研究领域在译著方面的代表著作则有：（1）易卜拉欣·卡伦《认识镜中的自我——伊斯兰与西方关系史入门》（新世界出版社，2018年），该书以伊斯兰社会与西方社会关系发展历史为主线，描绘了历史上伊斯兰世界与西方之间的互动关系。（2）穆丹希尔·阿卜杜·惹希慕《伊斯兰传统下的人权》（民族法制出版社，2018年），该书阐释了伊斯兰教人权传统的特色，摘录了伊斯兰传统关于人权的一些资料。（3）《奥斯曼帝国民法典》（商务印书馆，2018年），该书是对1869年奥斯曼苏丹阿卜杜勒·阿齐兹一世颁布的《奥斯曼民法典》的翻译本，而这一《法典》则是中东地区法律法典化运动中最重要的文献，对穆斯林国家的法律现代化有重要影响，因此其出版为国内学术界提供了难得的研究资料。

## （四）近现代伊斯兰思想与思潮研究

这一研究领域的代表性著作包括：

**1. 吴云贵著《近当代伊斯兰宗教思想家评传》（中国社会科学出版社，2016年）**

作者认为，近代以来，伊斯兰教解释主体虽已呈现出多元化的趋势，但精通经训的宗教学者和思想家仍是最重要的解释主体，该书对六位代表性伊斯兰宗教思想家进行了全面深入的论述和评介，包括阿富汗尼、赛义德·阿赫默德汗、穆罕默德·阿卜杜、拉西德·里达、伊克巴尔、毛杜迪等。了解这些宗教思想家的思想，有助于深入把握近现代伊斯兰思潮与运动的发展态势、本质特征和历史影响，从而总体上深化对伊斯兰文化社会政治功能的认识与理解。

**2. 丁俊著《伊斯兰文明的反思与重构——当代伊斯兰中间主义思潮研究》（中国社会科学出版社，2016 年）**

该书为国家社科基金项目，对以前被人们所忽视的"伊斯兰中间主义"展开了专门探讨。其特点是在追溯考察历史背景与理论渊源的基础上，梳理和阐释了伊斯兰"中间主义"的代表人物、重要研究机构与学术活动，以及该思潮发展态势对伊斯兰世界政治改革、社会变革、宗教维新以及文化创新与文明重构的现实意义与影响。

这些著述具有宗教哲学思考的特点，在研究思想理论问题的同时亦注意其与现实社会问题的密切关联和复杂交织。相关代表性论文则有王希的《存在与本质——伊斯兰哲学中的本体论之争》，此文从阿维森纳关于存在—本质区分与联系的论述开始，介绍和分析了这一问题所引发的分歧和争论，以及后期伊斯兰形而上学的主流传统何以转向主张存在优先论的发展的。

（五）伊斯兰学术史研究

在对中国宗教学研究当代历史的综合性总结中，最近出版的《中国宗教学 40 年》和《当代中国宗教研究 1949—2019》比较详细地叙述了中国宗教学的当代学科发展史。其中，李林撰写的《伊斯兰教研究》则以"回顾与展望：百年伊斯兰教研究史"、学术研讨会、中国伊斯兰教研究、世界伊斯兰教研究、"工具书、资料整理和学术刊物"、当代伊斯兰教研究、近期重大问题的研究、学科建设、当代中国的伊斯兰教研究综述等多个方面总结了过去七十年来我国伊斯兰教学科发展的巨大成就，其中对"十三五"时期中国伊斯兰教研究的全貌有翔实的勾勒，并分析、阐述了其面临的机遇与挑战，提出了自己的独到思考及见解。

此外，李林的《中国的现代伊斯兰学术是如何形成的？》（《中国穆斯林》2020年第2期）等论文还专门探讨了中国伊斯兰学术研究现代转型的三个原因，即教外学者加入、社会风气转变、学术中心转换，由此形成了与以往不同的研究特色。他还将中国伊斯兰学术的现代内涵总结为三条，即客观之态度、实证之方法、科学之精神，并提出今天伊斯兰教研究中的传统经学和现代学术"会通"之重要性，认为其现实意义及学术影响并不亚于历史上的"伊儒会通"。

## （六）中国伊斯兰教历史与文献研究

中国伊斯兰教历史与文献方面的代表性成果有：（1）佟洵和孙勐合著的《北京伊斯兰教史》，该书2018年由宗教文化出版社正式出版。这是第一部从宏观视角切入，以不同朝代为界限，以全国伊斯兰教发展为背景系统论述北京伊斯兰教史的著作。该书的特点有三：一是厘清了伊斯兰教在北京传播与发展的历史脉络，突出各时期北京伊斯兰教的特点。二是把北京伊斯兰教的传播发展纳入国内外伊斯兰教发展的大视野中研究。三是全面、系统、客观、翔实地展现了伊斯兰教在北京本土化过程。(2) 姚继德主编的《云南回族古籍典藏》，由云南人民出版社正式出版，该书收录了15种明清伊斯兰教汉文译著的典籍，内容全是涉及伊斯兰教的重要文献，其中绝大多数典籍是海内外珍本、善本和珍本秘籍，具有较高的学术价值和版本学价值。(3) 王根明主编的《中国伊斯兰教汉文译著经典文丛》，由宗教文化出版社陆续出版，如海正忠校注的《〈清真释疑〉校注》（清金天柱著述，2020年出版），王根明校注的《天方性理》（清·刘智纂述，2020年出版）等。

## （七）国外伊斯兰教与国际关系研究

在国际关系领域，国外伊斯兰教与国际关系研究也是学术界关注的重点。近五年来的代表性著作包括：(1) 方金英《穆斯林与激进主义》（时事出版社，2016年）一书对伊斯兰世界破坏性力量——激进主义进行了梳理，分别从理论和实践的不同角度对穆斯林激进主义的历史发展进行研究，对当代社会反对激进主义具有积极意义。(2) 方金英的《文明的交融与和平的未来：穆斯林"去激进化"理论与实践》（时事出版社，2016年），提出文明交融才能实现未来和平，批判了西方的"文明冲突论"，可为去极端化工作提供借鉴。方金英的这两部著作是姐妹篇，作者践行"用脚丈量"的研究宗旨，积累十余年田野调查之功，亲赴国内外穆斯林聚居地进行田野调查，包括印度尼西亚、阿富汗、乌兹别克斯坦、土耳其、埃及、苏丹、尼日利亚等30多个国家以及国内20多个省份，基于第一手材料而提出其真知灼见。(3) 刘中民的《当代中东国际关系中的伊斯兰因素研究》（社会科学文献出版社，2018年），该书解读了伊斯兰因素在当代中东国际关系中的作用。（4）李艳枝的《伊斯兰主义与现代化的博弈——基于土耳其伊斯兰复兴运动的个案研究》（中国社会科学出版社，2018年），是专门针对20世纪70年代以来的伊斯兰复兴运动而展开的研究。（5）田艺琼的《非传统安全视域下的"当代瓦哈比派"研究》（上海社会科学院出版社，2019年），梳理了瓦哈比主义宗教改良思想的兴起背景与发展沿革，分析了"当代瓦哈比派"的"宗教异化"过程，总结出"当代瓦哈比派"全球传播的路径与规律，以期在此基础上归纳出具有普遍意义的宗教极端组织行为模式。

除相关专著外，近年来我国学术界关注国外伊斯兰教发展态势、伊斯兰教与政治的专题文章较多，主要发表在《西亚非洲》《阿拉伯世界研究》《国际政治研究》《东南亚研究》《南亚研究》《国际关系研究》《外国问题研究》《法国研究》《世界宗教文化》《世界知识》《国际安全研究》《南洋问题研究》等学术期刊上。

这一研究领域的代表性作者及其文章还有方金英的《世界范围穆斯林激进主义发展态势》，肖文超的《伊拉克库尔德伊斯兰运动的发展演变及其影响》，王凤的《十二伊玛目派传统政治思想的演进及其根源》，宋全成、温婧的《欧洲缘何泛起排斥穆斯林族群的思潮？》，何思雨的《国际伊斯兰救济组织参与全球发展援助研究》、杨玉龙的《阿富汗哈扎拉问题的历史嬗变与安全困境》，钮松的《现代国际关系视角下的伊斯兰朝觐活动变迁》，李光的《欧洲的穆斯林兄弟会——以与政府间的关系为视角》《欧洲穆斯林兄弟会》《法国的穆斯林兄弟会：意识形态的重构与发展困境》，张来仪的《法国的穆斯林移民及其与主流社会的互动》，章远的《后"伊斯兰国"时期库尔德民族主义的宗教困境——兼论西方推行世俗政治秩序的危险》，陈中和的《马来西亚穆斯林脱教的法律问题及其影响》，王鹏的《信仰与乡愁：历史人类学视域下的东南亚郑和清真寺与华人穆斯林》，周颖昕的《在日穆斯林：因波澜不惊而引人关注》，李维建的《十九世纪西非圣战运动的性质与影响》，周明、雷环瑞的《"伊斯兰国"对圣战萨拉菲思想的继承与"伊斯兰国化"》，王晋的《"远敌"与"近敌"：伊斯兰极端主义的内部论争》，王利文的《东南亚伊斯兰极端主义思想的扩散：诱因、影响及应对》等。这些文章的特点是关注现实问题，追踪热点话题，有着理论分析，提出前瞻预见，故能给人与时代发展同步之感。

## 二 近五年来伊斯兰教研究学科发展态势与主要问题

### （一）近五年学科存在状况

近五年来，伊斯兰教研究学科因为对宗教的不同分析评估以及与国内外社会发展的敏感关系而总体呈现萎缩趋势，表现为研究机构和人员不断减少，论文发表也大幅下降。因此，有必要分析其原因，做出及时的调整和弥补。为了对这种趋势补偏救弊，现具体分析如下。

（1）原有研究机构缩减裁撤，大致有以下三种情况：①更名删减。如有的地方社会科学院的回族伊斯兰教研究所改名为回族研究院。②裁撤合并。如有些民族大学宗教研究中心的伊斯兰教研究专业被裁撤合并，不再突出或干脆放弃其伊斯兰教研究特色。③陷入停滞。个别高校原来有从事伊斯兰教研究的机构和人员，因种种原因，活动趋于停滞，一些研究人员不得不改行转岗。

（2）原有从事伊斯兰教研究人员不多，却还在不断减少，其总体趋势是"原有人员减少，新增人员困难"。主要表现为以下三种情况：①原从事人员转行。由于近年来伊斯兰教学科研究学术成果发表日益困难，不少原本从事伊斯兰教研究的人员因为学术生存之需而陆续转行到其他领域，如国际关系、语言文化等领域。②原有人员退休。有些科研机构和高校本来就只有个别人从事伊斯兰教研究，乃硕果仅存却无来者，其一旦退休就标志着该单位伊斯兰教研究的结束。这种情况已屡屡发生，故而相关高校和研究机构的伊斯兰教学术研究已经"寿终正寝"。③新增人员招聘困难。不少高校的哲学或宗教学专业本来有意要招聘伊斯兰教研究人员，但因国内伊斯兰教研究人员本身就少，而相关招聘在学历、政治、民族、区域、专业等方面门槛较高，故而始终找不到合适人选，相关岗位也就一直空缺。

目前，全国还保留有伊斯兰教研究学科的高校和研究机构已屈指可数，主要领军机构和相关人员在中国社会科学院世界宗教研究所的伊斯兰教研究室，但其目前已不再处于鼎盛时期且滑坡明显；现在其学科带头人为李林研究员，另有王希、马景等副研究员以及其他助理研究员。而原在西北地区一些高校和研究机构的伊斯兰教研究团队则在弱化、消散，人员逐渐流动出去。从全国伊斯兰教研究领域的专业研究人员情况来看，大致情况如下：北京大学哲学系从事伊斯兰教研究人员仅有沙宗平副教授；中国人民大学哲学院从事伊斯兰教研究人员也只有王宇洁教授；中央民族大学哲学宗教学院从事伊斯兰教研究人员有学科带头人杨桂萍教授和讲师李晓瞳。

此外，一些高校或研究机构的专业研究人员并非真正为"专攻"这一领域的"专业"人员，而是处于"长期兼顾型"或"短期兼顾型"之状。前者指个别教师或科研人员只是在从事其他研究的过程中"长期兼顾"伊斯兰教研究，比如南京理工大学的季芳桐教授，以及南京大学历史系、陕西师范大学边疆研究中心和宗教研究中心、兰州大学西北少数民族研究中心等人员；后者指一些科研人员和高校教师偶尔在其研究或写作过程中，因为选题关系而"短期"涉及伊斯兰教研究，即仅仅是临时"兼顾"一下这一研究，但并未把伊斯兰教研究作为一个长期研究的对象。后一种情况多见于国际关系、区域研究与国家安全领域，这些人员及其研究由于缺少系统性和长期性，因此从严格意义上来讲无法将之归入伊斯兰教研究学科。

## （二）代表性研究机构现状

目前，中国社会科学院世界宗教研究所伊斯兰教研究室为国内最具代表性的伊斯兰教研究机构，在我国伊斯兰教研究学科发展中起着领军作用，无论在学术成果发表还是学术会议等科研活动的组织上，该研究室都具有举足轻重的作用。可以说，该研究室是1949年以来新中国成立的第一个伊斯兰教研究机构，迄今已有50年历史，目前仍是国内最权威的伊斯兰教研究机构。长期以来，该研究室在我国伊斯兰教学科建设过程中发挥着极为关键的奠基、引导和推动作用，拥有金宜久、吴云贵、秦惠彬、周燮藩等老一代学科领军人物，有着广远的学术影响；该室撰写、编纂了大量的研究著作，包括伊斯兰教概论、伊斯兰教通史和相关丛书、工具书等，对推动我国伊斯兰教研究学科的发展奠定了扎实的基础。其在中国伊斯兰教史、伊斯兰教法、伊斯兰教与国际政治、伊斯兰思想、苏菲主义等领域所取得的一批成果，代表着1949年以来我国学术界在这一学科发展中的最高水平，也得到国内外学者的公认。近年来，配合国家发展战略以及中央关于宗教中国化的重要指示，其将研究重点放在"一带一路"与当代伊斯兰教重大理论和现实问题研究、伊斯兰教中国化、分析和防范宗教极端主义等专题研究上。仅在过去五年内，该研究室出版了学术专著十余部，发表学术论文多篇，完成中国社会科学院国情调研项目多项，也完成了相关政策咨询任务及其文章多篇，不仅在学术界受到好评，所提出的政策建议也得到政府相关部门重视。

在"十三五"时期，伊斯兰教研究的一大特点就是组织召开了特色鲜明的伊斯兰教研究系列学术会议。从我国伊斯兰教研究学科发展的迫切需要出发，中国社会科学院世界宗教研究所伊斯兰教研究室决定将搭建引领性和导向性的全国性学术平台作为工作重点之一，发起创办了"全国伊斯兰教学术研讨会系列"，目前已经举办五届，是国内伊斯兰教研究领域最具代表性、参与人数最多、层次最高、规模也最大的伊斯兰教研究学术会议，被评价为"上接20世纪80年代以来在西北五省区召开的伊斯兰教学术研讨会，重启了全国伊斯兰教学术研讨会的帷幕，具有承上启下的作用和里程碑式的意义"。同时，伊斯兰教研究室还创办了"伊斯兰学术高峰论坛系列"，其论坛主题包括"伊斯兰教与丝绸之路经济带""伊斯兰教与国家安全战略""伊斯兰教与中国社会""伊斯兰教与新疆社会发展""伊斯兰教与欧美社会"等，不仅在学术界好评不断，而且也受到党政部门的重视和肯定，具有很好的学术效果和社会反响。

但是，伊斯兰教研究学科也遇到了新的障碍，正面临着学科发展的困难。目前制约这一学科发展的主要困难集中在以下三个方面：(1) 学科被边缘化。目前伊斯兰教研究关注者不多，全力投入这一研究的学者与其他领域相比更是微乎其微，具有高级职称的科研及教学人员甚少，如此种种直接导致了伊斯兰教研究在学科发展中被边缘化。(2) 职称评定困难。如前所述，研究伊斯兰教学者中本来具有高级职称者就不是很多，而由于近年来伊斯兰教方面的著作出版和论文发表都很难，也就导致了申请职称评定者在学术成果上出现明显弱势，陷入不易学术晋升的困难。如果青年学者感到在这一领域的学术发展希望不大，就可能改行转岗，使本来就青黄不接的人才建设更为雪上加霜。(3) 研究队伍萎缩。前述情况的直接后果就是伊斯兰教研究队伍会不断萎缩，成为宗教学研究团队中的弱势群体。其具体状况，一为现有研究人员和编制会被调离，二为很难招聘和引进合适人才，出现"招而不聘"的尴尬局面，结果是"只出不进"的情况会越来越严重。上述问题是伊斯兰教研究的存在与发展必须克服的，这类研究结构和机构上的问题也需要全社会的共同努力才可能得以解决。因此，希望我们社会的相关方面应高度重视并采取必要举措，以防止或化解我国的伊斯兰教研究可能会陷入的危机。

## （三）近五年伊斯兰教研究论文的发表情况

最近有学者做过统计，无论相比于十年以上的长周期，还是最近三年的短周期，伊斯兰教研究类论文发表总数量都出现了大幅度下降。

根据2016—2018年中国知网刊载伊斯兰教研究文章数量统计，截至2018年11月15日，在中国知网（CNKI）上以"伊斯兰教"为主题的检索结果共有论文396篇，是近17年以来（2002年以来）发表研究伊斯兰教的论文最少的一年。同时，与最近的2016年和2017年论文发表的情况相比，2018年其论文发表数量大幅下降的趋势更较明显，仅相当于2016年的38%和2017年的48%。[1]

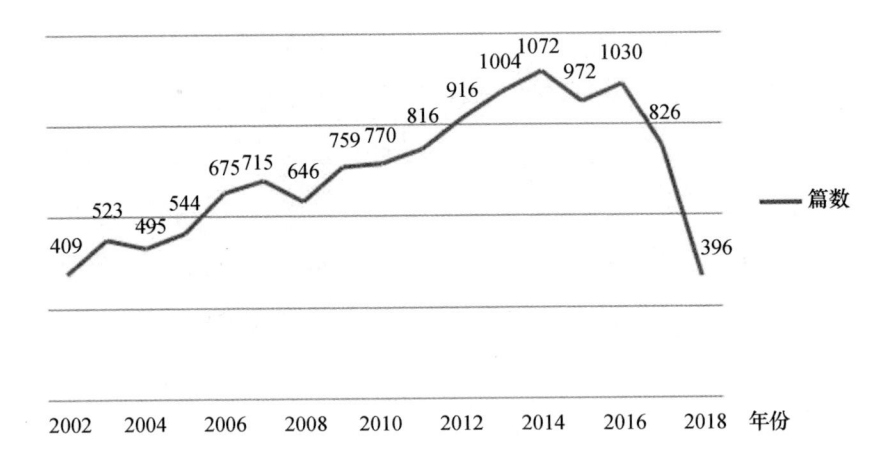

综合来看，此前"出版难、发表难、会议召开难"是伊斯兰教研究发展最为突出的制约因素。但目前召开相关伊斯兰教研究会议的难度总体而言在逐渐减少，只是因为疫情而使不少会议及学术报告转到线上来进行，网络视频会议近几年已成为常态，其长处是可以吸引更多的人参加，而其不足则是互动的效果要差一些。从出版难来看，主要原因是伊斯兰教研究的选题不易把握判断。不

---

[1] 2018年伊斯兰教类论文发表的统计数字引自杨文炯《坚持宗教中国化：2018年中国伊斯兰教的主治话语》。

过，现在对学术出版的审核管理在逐渐专业化，将来学术界对之会有更大的发言权，因此有希望使这一处境得到改善。而从论文发表难来看，除了相关研究课题的比较复杂之外，专业期刊太少也是重要原因，特别是能够发表伊斯兰教研究之类文章的刊物更是少之又少。在近些年来，专业杂志的分工逐渐明确，非宗教学类的杂志一般不会发表研究宗教的论文，而一些原本有伊斯兰教研究专栏的刊物如《回族研究》等通过其结构调整已基本上不再刊登伊斯兰教研究一类的文章，而是集中在相关民族即回族的研究。这些变化以及由此带来的伊斯兰教研究成果出版和发表的困难，是必须面对的，而其如何得以克服则需要集思广益，并寄希望于外部社会环境的改善和学术氛围的好转。随着"十四五"时期的到来，相关情况正逐渐好转，而我们学术研究的调整、机遇的捕捉也非常重要。

从当前发展来看，伊斯兰教中国化研究应该说是恰逢其时，可以形成相应的研究系列。不过，我们也要警惕受到支持的这一研究可能会出现"考据之风"，即只研究具体文献资料，而不再触及重大理论和现实意义的问题，这可能是最大限度地降低个人和刊物承担风险的消极之举，并不值得提倡。其实，我们的研究还是应该提倡探索精神、扩大研究范围，持实事求是、开拓创新的积极态度，在基础理论研究和现实调查研究两方面都能够得以齐头并进。为此，我们对"十四五"时期的发展翘首以盼，抱有巨大希望。

## 三　"十四五"规划应考虑的十个重点选题

### （一）伊斯兰教中国化研究

中国伊斯兰教是伊斯兰教中国化的产物。作为中华文明内部的一个"亚文化系统"，中国伊斯兰教生根发芽、开花结果，成为中华民族"实质传统"中一个不可或缺的构成部分，至今在哲学、数学、天文、医药、武术、建筑（如北京城的布局）等领域都可以看到中国伊斯兰文化的影响。今天伊斯兰教如何坚持好中国化方向，是具有重大理论和现实意义的问题。中国目前有相当一部分民众在宗教上主要信仰伊斯兰教的民族有十个，包括回族、维吾尔族、哈萨克族、乌孜别克族、柯尔克孜族、塔塔尔族、塔吉克族、东乡族、撒拉族、保安族。根据2011年3月媒体公布的第六次人口普查数字显示，与伊斯兰教有关的十个少数民族总人口达到两千多万人。此外，在汉族、藏族、傣族等其他民族中也有少量穆斯林。从分布来看，中国穆斯林人口分布历来具有"大分散，小集中"的特点，遍布全国各省（区）的大多数城乡，主要聚居于西北、华北以及西南等地，台湾、港澳地区亦有穆斯林分布。伊斯兰教研究涉及的民族问题、宗教问题、教派问题、边疆问题、反恐问题等都不容忽视。因此，其研究不可被减弱，而必须加强。其中关键一点，就是要关注积极引导伊斯兰教中国化发展的问题，并从理论与实践上结合起来对之加以深入而系统的探讨，使伊斯兰教的中国化得以行稳致远。

## 第七章 伊斯兰教研究

## （二）伊斯兰教与健康宗教关系研究

此研究旨在重点说清楚中国伊斯兰教与国外伊斯兰教的关系、我国伊斯兰教与我国其他宗教的关系，以及从"三教会通"走向"五教会通"的发展问题。

**1. 对外要向世界讲好中国伊斯兰教故事，推出中国伊斯兰传统，以中国经验来影响伊斯兰世界**

在北京举行的第三届"全国伊斯兰教学术研讨会"上，与会学者提出应向世界推出独树一帜的"中国伊斯兰传统"，化"被影响"为"去影响"。伊斯兰文明与中华文明两大文明相互交融，开创、造就了一个有别于国外伊斯兰教的、独特的传统——中国伊斯兰传统。这一传统与中国传统文化的儒释道结合，融汇两大文明之长，应该作为宗教中国化的重要成果推向世界舞台。中国伊斯兰传统融会中华文明和伊斯兰文明两大文明之长，站在文明的制高点，不仅应彰显中国特色、中国风格、中国气派，更有责任对世界做出更大贡献，通过倡导中和中道中庸，反对偏激排他极端，为世界和平与发展做出独特贡献，并借助于这种中国伊斯兰传统的本土经验来影响当代伊斯兰世界的发展趋势和潮流。这是我国国际影响力提高的必然结果，同时也是在当前国际国内形势下，抵御宗教极端主义和境外复杂影响的必然要求。有学者主张应尽早化被动为主动，讲好中国伊斯兰教故事，向阿拉伯世界和欧洲等地区宣传我国伊斯兰教中国化的历史经验与当代成果，抵御境外渗透于国门之外。

**2. 对内要梳理伊斯兰教中国化超过千年之久的历史经验，系统总结并介绍已经独具特色的中国伊斯兰教**

历史上的伊儒会通、伊斯兰文明与中华文明两大文明的相互交融，造就了一个独特的中国伊斯兰传统，有着丰富的文化交流经验。明清穆斯林学者大多通晓中国传统儒、佛、道学说，被称为"中阿兼通""学通四教""长攻儒者之学"的"回儒"。他们的译著"悉本尊经"，大都采用了使伊斯兰教义与中国传统文化相结合的"以儒诠经"的方式，从而形成了中国特色伊斯兰教思想体系。中国伊斯兰传统已经是中华优秀传统文化不可分割的一部分，应该强调伊斯兰教在中国的这种适应和融入。在新时代，我们必须大力弘扬独特的中国伊斯兰传统，通过创造性转化和创新性发展，实现中国伊斯兰教的深度中国化。中国优秀传统文化不仅限于"儒释道"，还应包括以"回"为标志的中国伊斯兰教传统，开创我国宗教以"儒释道回耶"五教同光、五教共辉为特点的新时代宗教格局与宗教关系。

## （三）当代伊斯兰教与宗教极端主义、国家安全问题研究

宗教极端主义已成为全球治理面临的重大挑战。与之相关的热点问题不断涌现，使其成为国内外学术界高度关注的课题。在国际局势和国内现实的压力下，宗教极端主义已经成为国内学术界必须面对的重大理论和现实选题，迫切需要深入研究，拿出有分量的成果。然而，在对当代宗教中的极端主义进行调查和分析时，宗教和伊斯兰教本身显然也是绕不过去的话题，故而不可回避。在此情况下，甚至出现了一些从事政治研究的资深学者也不得不跨界来研究

"伊斯兰复兴和伊斯兰极端主义"的现象，提出他们的看法。这实际反映出，对宗教极端主义的研究，既要有跨学科的广阔视域，也不能缺失宗教学的独特视角，更不能缺少伊斯兰教各研究领域专家们的参与及合作。而且这种现实研究的侧重，还必须与世界和平、国家安全问题有机结合起来。

## （四）伊斯兰教与现代性、伊斯兰教现代转型研究

伊斯兰教与现代性的关系是当今世界一大难题。如何促使伊斯兰教适应现代社会，促进伊斯兰教实现其现代性转型？不仅事关当今世界和平与发展，而且对我国近期提出的"一带一路"建设的国际合作、伊斯兰教中国化、抵御宗教极端主义等问题也都具有重要的现实意义。

妥善解决这一问题，最为现实且不可缺少的途径就是注重从伊斯兰传统内部发掘其自身所蕴含的现代性因素，实现伊斯兰传统与现代文明的会通与交融。这正符合习近平总书记提出的传统文化应实现"创造性创新和创新性发展"的思路。同时也充分说明，现代化进程本身是多元的，而非单一的，中华文明、伊斯兰文明这样的古老文明完全可以借助自身传统走出一条甚至多条不同于西方现代化进程的道路。

## （五）世界伊斯兰教国别和区域研究（伊斯兰教与"一带一路"研究）

应从区域和国别的角度，特别是通过对"一带一路"沿线国家

和地区的调研来加强对世界各国伊斯兰教的研究。在"十四五"时期可以规划按照区域和国别的划分，来设计并完成一套《世界伊斯兰教》丛书。美国皮尤研究中心2012年10月公布的一份调查报告《全球穆斯林人口分布》显示，全世界穆斯林超过16亿，接近世界总人口的25%，遍布全球200多个国家和地区。其中超过60%的穆斯林居住在亚洲，仅有大约20%的穆斯林生活在中东和北非地区。在一些国家，穆斯林所占人口比例虽为少数，但其总数相当可观。以印度为例，穆斯林人口仅占五分之一，但是数量超过1.6亿，为印度第三大群体。再如，俄罗斯的穆斯林人口已超过2300万，超过约旦和利比亚穆斯林的总和，占全国人口的15%。甚至有人预测，到21世纪中叶，俄罗斯的穆斯林人口比例将达到总人口的四分之一，超过东正教信徒人数。仅从穆斯林人口的分布范围及其在全球人口、特别是亚洲人口中所占比例就可以看出，穆斯林是当今世界舞台一个不容忽视的群体，具有举足轻重的影响。

  特别值得注意的是，穆斯林在世界不同宗教族群中，是平均年龄最年轻的。全球人口总体平均年龄是28岁，而穆斯林的平均年龄是23岁，年轻五岁，半数穆斯林都是23岁以下的年轻人。他们在未来的世界舞台上则将散发更大活力。撒哈拉非洲地区穆斯林平均年龄为17岁，在中东与北非为23岁，在亚太地区为24岁，在美洲为26岁，在欧洲则为32岁。北美与欧洲出现人口老年化现象，穆斯林平均年龄在美洲是26岁与当地人的37岁相比，在欧洲则是32岁与40岁相比。在人口众多的亚洲太平洋地区，双方平均年龄是24岁与28岁之比。穆斯林的年轻化，意味着这个群体具有巨大的潜在人口红利，是未来的生产者和消费者，同时乃是影响伊斯兰世界动荡不安的一个重要因素。

由于地缘政治、资源储备、历史争端、民族教派等因素，伊斯兰世界往往处于国际冲突和争端的前沿，形形色色的组织、派别和主张，汇成一股多元复杂、声势浩大的"伊斯兰潮"，正在不断冲击国际政治舞台、震撼了全世界。2010年初西亚北非地区发生的政治剧变、"9·11"事件以来各种恐怖主义和极端主义孳生与演变等在伊斯兰世界引发的冲突以及所改变的伊斯兰世界与西方的关系，等等。这一切都在提醒中国学者：伊斯兰教发展趋势不仅关涉地区局势，而且关乎整个世界。其不但对基础理论研究提出了严峻挑战，而且其正在不断产生的"热点"和"难点"，更会在应用理论和对策研究层面激发出加强伊斯兰教学术研究的迫切要求。

## （六）伊斯兰文明研究

应该站在人类文明的高度赋予伊斯兰教研究更广阔的意义。伊斯兰教不仅是一种宗教，也是对人类文明具有重要贡献的一种文化和文明。因此，伊斯兰教研究的对象，不是简单的伊斯兰宗教，还应包括伊斯兰文明，需要这一方面的系统阐述。从文明类型、文化形态来审视宗教，是文明比较研究中的一项重要任务；应该通过研究伊斯兰教文明，来透彻了解宗教与文明的关系，说明宗教的文明意义以及文明中的宗教元素。

## （七）伊斯兰政治思想史研究

伊斯兰政治史研究，包括伊斯兰政治制度、政治思想，是国际伊斯兰教研究的一个重要主题。伊斯兰教研究不可能脱离政治，在当代世界更是国际政治研究中的重要构成。但我国学者有意识地从政治思想史、政治制度史等角度进行的相关研究尚不多见,过去已有成果如李林的《谁之继承人,谁之代治者:从哈里发学说的演变看当代中东政治继承与换代问题》(《国际政治研究》2011年第1期,人大复印报刊资料《国际政治》2011年第8期全文转载)曾思考过这一问题。目前的相关讨论则主要侧重于政治表层,故其分析研究比较浅显,必须从宗教等思想文化深层来认真探究。这一领域尚存的上述薄弱环节,在"十四五"时期亟待加强,以能使之走向更为深入的研究。

### (八) 伊斯兰教学术史研究

中国现代意义上的伊斯兰教学术肇始于20世纪20年代,以陈汉章《中国回教史》(1926)与陈垣《回回教进中国的源流》(1927)发表为标志。这两篇文章最早将现代学术范式引入伊斯兰教研究,在传统经学、汉文译著之外另辟道路,堪称中国现代伊斯兰学术的开山之作。伊斯兰教是一个特别强调经典的文本宗教,知识和学术从来都有特殊的地位,历史上的伊斯兰教有时以学术的形式展开。因此,伊斯兰教学术史研究不仅是为了总结前人成果,更是为了在现代处境下"会通古今",实现伊斯兰教与当代中国、现代语境的会通。从这个意义上讲,伊斯兰教学术史也是一部伊斯兰教思想史、社会史和宗教史,相关研究在今后应该加以系统展开。

### (九) 开创中国学派的伊斯兰教法研究

伊斯兰教法研究是支撑着伊斯兰政治研究、社会研究、安全研究等重大问题的基础性研究，这一研究有着两大学术传统：（1）伊斯兰传统。在伊斯兰教的传统宗教学科体系中，教法学是与经注学、圣训学并列的三大学科，有着比较重要的占位。（2）西方传统。自19世纪下半叶以来，随着西方殖民主义的扩张，不少西方学者开始致力于伊斯兰教法研究，从而形成其西方学术传统；其学术历史以20世纪30年代为界，若站在学术史的高度看，它们最终都指向同一方向，即按照现代西方学术方法与学术规范建立起当代西方的伊斯兰教法研究体系。

除了这两种学术传统以外，是否还可能走出一条超越这两者的"第三条道路"呢？这正是作为具有"第三方身份"的中国学者所具备的得天独厚条件，这条道路有可能开启具有"中国风格""中国气派"的伊斯兰教法研究之门径。因为伊斯兰教法不仅仅需要描述性的研究，也需更上一层楼进行阐释性研究。而中国学者独有的优势在于，既无必要亦步亦趋甘为西方学者的"忠实拥趸"，也可超越传统伊斯兰教法学家"只缘身在此山中"而无法认识到的盲点。有鉴于此，中国学者在今后的伊斯兰教法研究中，须打破"学院派"与"传统派"、"圈内人"与"局外人"、参与者与观察者、穆斯林与非穆斯林之间的隔阂与对立，超越学院派与传统派的彼此分歧、客观性与主观性的二元对立，建立一种通过相互参与来构建认识主体与认识对象之间的统一关系，从而超越主客二分法，达到主观与客观交融的境界。如此，中国学者方能以与"学院派""传统派"不同的研究视角与分析方法，融合各家之长，形成具有自身风格的当代中国伊斯兰教法研究体系，在国际学术领域占有一席之地。

### （十）网络伊斯兰研究

网络宗教管理是当前我国宗教治理的新课题。在网络新媒体上出现的挑拨民族关系、制造隔阂割裂的现象，影响范围之大、后果之恶劣乃前所未有，值得我们高度警惕。这股歪风邪气，与当前国际形势有关，其负面影响有两点：（1）部分微博、微信等账号长期制造极端言论，这已绝非简单意气之争，故有必要对之加以深入探究。有些微博、微信账号刻意踩雷，唯恐社会舆论不乱。其制造争论的目的不一。有的是为了炒作出名，刻意在网络上制造争论兴奋点，使自己成为所谓"网红"；更有甚者则是为了发泄对社会的不满，激化社会矛盾。（2）网络舆情倒逼指挥行政管理。处理网络舆情占用了地方统战、民族宗教事务部门的大量时间精力，而核查后相当部分皆为不实舆情，而该重视的重点工作如宗教传承的平稳过渡、潜在矛盾的化解等工作却被冲淡、遗忘。

因此，今后应加强对网络伊斯兰教的研究，不仅应注重其消极面，更要注意研究其对伊斯兰教影响的最新动态，如伊斯兰教的网络化、虚拟化趋势，以及虚拟化对现实伊斯兰教的影响与冲击等。通过网络伊斯兰教的研究，完善对伊斯兰教的社会治理，使其往更为积极、更有利于社会和谐稳定的方向发展。

结合上述课题的开展，"十四五"时期的伊斯兰教研究可以比较系统地思考、规划其研究领域的学科体系建设、学术体系建设和话语体系建设。其全面展开不仅需要敏锐的问题意识，还必须有科学的构设和布局。由此而论，宗教学"三大体系"建设在伊斯兰教研究领域必须有问题意识与学科意识的有机结合，从而使相关问题的探究在该学科体系的范围内得以实施。而伊斯兰教研究构设的成熟及完善,则有可能逐渐走向正常的学术发展。当然,这也需要社会认知氛围的改善,需要人们对伊斯兰教研究的正确理解、科学审视和积极支持。

# 第八章

# 其他宗教研究

## 一 犹太教研究

犹太教研究是国内宗教学专业各领域中兴起相对较晚但近年来发展比较迅速的一个研究方向。目前，从事犹太教以及相关研究的专家、学者主要集中于山东大学、南京大学、河南大学、南昌大学、中国社会科学院、上海社会科学院、山东社会科学院等高校和科研机构，包括傅有德、徐新、张倩红、潘光、周燮藩、黄陵渝、钟志清、刘精忠等人。根据对近些年来本领域学术进展的观察和近期进行通讯调研所收集到的反馈资料，在此将"十三五"时期国内犹太教研究的成果作一总结，并分析当前存在的问题和薄弱环节，最后汇总提出"十四五"规划中本研究领域的若干重要课题建议。

### （一）当前国内从事犹太教研究的重要学者及相关信息

改革开放以来，国内犹太教研究涌现出一批著名学者和新生代中青年学者，主要分布在宗教学、哲学和历史学（世界史）学科。

其中，山东大学、南京大学的犹太教研究主要在宗教学和哲学学科，河南大学、上海社会科学院等高校和科研机构的犹太教研究主要分布在历史学科。本领域重要学者的信息如下：

（1）山东大学犹太教研究以傅有德为代表，他是该校教育部人文社会科学重点研究基地犹太教与跨宗教研究中心主任、山东大学—特拉维夫大学犹太与以色列联合研究所所长，《犹太研究》主编，主要研究方向为犹太哲学与宗教，在犹太研究领域出版《犹太哲学史》《犹太哲学与宗教研究》等专著，主编"汉译犹太文化名著丛书"并主译、校译多部，在《中国社会科学》《哲学研究》《世界宗教研究》等国内顶级期刊以及 Ching Feng 等国际刊物发表论文百余篇。相关研究人员还包括李炽昌、孟振华、董修元、姜振帅、陈艳艳、王强伟等人。

（2）南京大学犹太教研究以徐新为代表，他是该校戴安/杰尔福特·格来泽犹太学和以色列研究所所长，兼任中国犹太文化研究联盟会长，主要研究方向为犹太文化，主编《犹太百科全书》，著有《反犹主义解析》《中国开封犹太人：历史、文化及宗教研究》等。其他研究人员还包括宋立宏等人。

（3）河南大学犹太教研究以张倩红为代表，她的主要研究领域为犹太—以色列史、中东史。先后出版了《犹太史研究新维度》《犹太文化》《以色列史》《犹太人 3000 年》等十余部学术著作，在《历史研究》《世界历史》等学术刊物上发表论文 100 余篇。主编《以色列发展报告》（2015—2019）。河南大学的犹太教研究中心以"开封犹太社团"研究为开端，侧重于历史学进路，近年来主要转向犹太历史和现代以色列国研究。其他主要学者还包括胡浩、张礼刚、艾仁贵等。

（4）上海社会科学院上海犹太研究中心主要围绕"二战"期间来华避难的"上海犹太人"进行研究，"十三五"时期，由潘光主持带领团队完成了国家社科重大项目"来华犹太难民研究"。相关学者还包括王健、汪舒明等。

（5）中国社会科学院世界宗教研究所从事犹太教研究的学者包括周燮藩，主编《犹太教小辞典》，著有《犹太教概论》；黄陵渝，著有《世界犹太教与文化》《犹太教学》《多难之路——犹太教》《当代犹太教》《犹太教》；卓新平，著有《基督教犹太教志》《犹太教研究》等。

此外，近年来从事犹太教研究的学者还有中国社会科学院外国文学研究所钟志清研究员，主要研究希伯来经典和文学；中山大学哲学系曹坚副教授，主要领域为犹太宗教与哲学研究；南昌大学哲学系刘精忠教授，主要从事犹太教神秘主义研究等。

## （二）"十三五"时期国内犹太教研究领域重要成果

"十三五"时期，国内犹太教研究取得的重要成果主要集中在犹太经典翻译与研究，犹太教思想、历史与现实研究，犹太教与中国传统思想的比较研究等领域。其中重要著作如下：

（1）傅有德主编："汉译犹太文化名著丛书"，山东大学出版社，1996年至今已经出版16部译著，2015年以来继续出版2部（《密释纳·第二部：节期》，张平译注，2017年；《论知识》，董修元译，2015年）。该丛书受到国内学术界的高度重视与好评，被公认为了解犹太文化的权威性著作，也是国内影响最广的犹太文化读本。该套丛书即将在商务印书馆重出新版。

(2) 傅有德主编：《犹太研究》（辑刊），山东大学出版社，2002 年创刊。该刊物是国内第一种也是目前国内唯一的犹太研究专刊，至今已经连续出版 16 期，两次入选 CSSCI 期刊（集刊类），成为国内犹太研究学者科研成果的发布平台，2015 年以来持续出版，最近一期为《犹太研究》（第 16 辑）（山东大学出版社，2020 年）。

(3) 傅有德主编："犹太学博士文库"，上海三联书店，2014 年至今。该丛书是青年一代犹太研究学者展示研究成果的平台，目前已经出版 3 部专著，2016 年以来出版 2 部（夏歆东：《迈蒙尼德释经思想研究》，2016 年；赵同生：《迈蒙尼德宗教哲学思想研究》，2016 年）。

(4) 潘光主编：《来华犹太难民资料档案精编》（4 卷本），上海交通大学出版社，2017 年。

(5) 钟志清编选：《希伯来经典研究文集》，译林出版社，2019 年。

(6) 钟志清等著：《希伯来经典学术史研究》，译林出版社，2019 年。

(7) 张倩红、张少华著：《犹太人 3000 年》，北京大学出版社，2020 年。

在出版著作的同时，在"十三五"时期，学者们在《世界宗教研究》《世界宗教文化》《宗教学研究》等国内宗教学专业三大刊物发表"犹太教研究"专题论文共计 20 多篇，在 Philosophy：East and West，Journal of Chinese Philosophy，《道风》等国际刊物发表犹太教与中国传统思想比较研究的外文论文共计 5 篇。

在"十三五"时期，国内犹太教研究领域还翻译出版了一系列相关著作，自张倩红等人所译《耶路撒冷三千年》在 2015 年出版后产生较大影响以来，对犹太教及犹太文明的翻译介绍又有新的推进，其他译著包括《古以色列史》（乔戈译，上海三联书店，2017年再版）、《以色列：一个民族的重生》（王戎译，浙江人民出版社，2018年）、《五千年犹太文明史》（蔡永良等译，上海三联书店，2019年再版）、《犹太文明》（胡浩等译，中信出版集团，2019年）等。

## （三）对既有犹太教研究成果存在问题的分析

盘点最近几年来国内犹太教研究领域取得的成果，相较于更早一段时期进步明显，尤其在犹太教思想、犹太教历史和中国犹太社团研究等方面取得了显著成绩，并且不断跻身国际学术前沿。不过，这种研究的系统性推进还很不够，当前尚存在的问题大致有如下几点：

**1. 犹太教传统经典及其解释的翻译工作有待进一步深入**

犹太教是典型的"经典宗教"，拥有蔚然大观的经典与解释体系，基于前期努力，已经有一定数量的作品译介到国内，但是其主流经典比如《圣经》《密释纳》《塔木德》等仍然还没有完整中文版。与基督教的《圣经》研究相比较，犹太教经典研究还有很大潜力可挖。

**2. 原创性成果数量有限**

目前更多的研究成果在于梳理和阐释文献，但是原创性的研究仍然缺失。如何将犹太教研究融入中国特色哲学社会科学话语体系中来，创造出中国犹太研究的特色，尚期学界同人一道努力。

**3. 研究领域有待进一步拓展**

中世纪犹太教、犹太教神秘主义、当代著名犹太教学者、犹太思想的现代阐释、犹太教经典传统之外的民间表达等，偶有学者撰文研究，但是仍然不够系统和深入。

犹太教是目前仍然存在的最古老的绝对一神教信仰，其历史、经典不仅对基督教、伊斯兰教等产生过巨大影响，而且还在世界哲学、宗教、精神现象的发展中发挥着重要作用。在这一文化熏陶中发展延续的社会政治及民族社团，迄今仍被世界所关注，并且经常是国际问题的焦点之所在。因此，我们在今后应该扩大其研究范围，深化其研究课题。

## （四）"十四五"规划重点课题建议

**1. 犹太教《圣经》翻译注释与研究**

《圣经》（《塔纳赫》）是犹太教根本元典，对于犹太传统的重要意义无出其右者。基督教直接继承了犹太教的《圣经》并命名为"旧约"，但是从基督教立场出发进行的翻译和解读，对于我们正确理解犹太教传统造成了极大的误导，因此亟须对犹太教《圣经》进行犹太传统的翻译、注释和研究，由此方可客观、科学地对之加以比较对照，发现其异同及所蕴含的社会文化意义。

**2.《巴比伦塔木德》汉译、注释与研究**

《塔木德》是《圣经》以后最重要的犹太教经典，对于犹太教的历史发展以及现代犹太思想和犹太人思维模式的形成发挥了重要的作用。该著作至今没有中文译本，相关研究也远不够深入。山东大学犹太研究团队自 2016 年开始，已经选取其中的《安息日卷》进行译注与研究，为整部《巴比伦塔木德》的翻译工作奠定了体例和研究模式。因此，整部《塔木德》的汉译无疑将为中国的犹太教研究提供重要文本基础，也将切实推动国内犹太研究的进一步深入。

### 3. "亚伯拉罕宗教"关系历史与现实研究

犹太教与基督教、伊斯兰教之间具有深刻的历史渊源关系，这三大一神信仰被统称为"亚伯拉罕宗教"。从历史与现实来看，三教之间的关系错综复杂，影响深远；由于这三教既有着最为密切的历史联系，又是当前国际关系中矛盾冲突最为典型的敏感话题，当前世界诸多热点问题都可以在此找到源头，而且今后的世界格局走向一定程度上也会继续受到三教关系的影响。因此，对犹太教、基督教和伊斯兰教三者之间的历史与现实关系展开系统研究，梳理其文化传统的联系及断裂，很有必要性和紧迫性。

### 4. 犹太教对现代以色列国的政治影响研究

本课题将通过探讨"犹太教与犹太复国主义关系""犹太教影响下的以色列政党政治"等现当代以色列现实问题，系统研究犹太教在以色列政治领域的影响。以色列作为国家政体的存在，在其国内会影响或制约其社会政治走向，在国际关系上则是世界关注的重点之一；而犹太教则与犹太民族有着密切的内在关联，是其民族精神、文化性质的典型体现。因此，这一研究有着明确的现实关切，值得特别关注。

### 5. 宗教与以色列社会研究

宗教因素是以色列社会中的重要因素，影响到以色列社会生活的方方面面。犹太教作为犹太民族的主体宗教，对以色列社会影响巨大，在一定程度上具有"官方宗教"或"国教"的意义，至少在"族""教"一体上反映出其独特意义及作用。但犹太教又并非以色列社会目前存在的唯一宗教，因而其与基督教、伊斯兰教的共存有着复杂的关系。本课题将系统研究犹太教以及伊斯兰教、基督教等现实中的宗教对于以色列社会的各方面影响，故而有其必要性和学术价值。

### 6. 中世纪拉比犹太教研究

在古代犹太人"亡国"之后，拉比犹太教对维系犹太民族的生存及犹太社会的文化形态起过关键作用，也直接影响到现代犹太教的形式和犹太人的思维模式，故有必要对之展开系统研究。

### 7. 犹太教保守派和正统派思想研究

进入近现代以来，犹太教分化为不同的宗派，有其不同的发展方向及社会影响。目前国内对于改革派研究最为深入，但是对于保守派和正统派的研究尚嫌薄弱，故在今后应该加强这些不足之处的研究，对当代犹太教各派有更系统的了解和研究。

### 8. 犹太教与现代犹太人创新精神的关系研究

犹太民族是一个奇特的民族，犹太人的创新精神和创新能力举世瞩目，这使现代以色列国成为一个谜一样的国度，而犹太人在西方尤其是在美国的社会作用及影响也不同凡响。这与其宗教有着内在的、本质性的关联，因此犹太人与犹太教之间的关系值得深入探究。

### 9. 犹太教民间传统研究

犹太教堪称犹太人的"生活范式"，在主流犹太教经典和思想之外，犹太教也有丰富的民间表达形式，比如祈祷书、宗教活动形式、社会生活习惯甚至神秘主义的表现方式等，这些民间传统从另一个侧面展现出犹太教的特点，应该引起我们的注意，并对之加以全面了解。

### 10. 大屠杀记忆研究

"二战"期间法西斯企图灭绝犹太民族的"大屠杀"对于犹太人而言是无法忘却的记忆，而且愈发被重视和建构。若想真正把握现代犹太人的民族性格及精神气质，这一历史记忆及其复杂影响值得我们高度重视。而且，探究这种记忆背后的原因和具体形式，对于深层次理解民族精神也不无裨益。

### 11. 犹太教在中犹两个民族和中以两国关系中的影响

中华民族与犹太民族在历史上早有来往且关系独特，犹太教在传入中国后曾奇特地"消失"，成为犹太教传播史上的唯一特例。而中国人在古代历史上以及在第二次世界大战时期对犹太人的帮助和包容，给犹太人也留下了深刻印象和独特感觉。在当代世界要继续推进中华民族和犹太民族、中国与以色列国之间的关系发展，其中犹太教的影响不容忽视。

**12. 犹太教文明与中华文明的交流互鉴研究**

犹太教文明与中华文明都是延续至今的古老文明，有着深厚的思想精神积淀。在当今文明交流互鉴的视野下开展这两大古老文明的比较研究，既可为历史反思提供经验教训，洞观其"苦难"与"辉煌"，也能为当前的"一带一路"国际合作倡议与实践带来深刻思考和现实分析，从而可为推动构建"人类命运共同体"提供扎实的学理基础。

在研究古老宗教和古代文明中，我们可以获得历史的启迪和现今的洞察，实现古今关联、中外打通，并可促进我们在深层次上思考宗教学的学科体系建设、学术体系建设及话语体系建设问题，为其创新发展奠立基础、创造条件。

## 二 印度教研究

### （一）印度教研究的基本状况

中国当代学术界对印度教及其印度思想文化的研究自季羡林、巫白慧、徐梵澄等老一代学者的卓越研究而开始引人注目，最初中国社会科学院南亚研究所曾在印度教研究上形成一定规模，拥有黄心川、宫静、朱明忠、薛克翘等专家学者，但后来该所因学科方向调整而侧重政治经济研究，其印度教研究因与其人文科学领域的其他研究一同被削减而逐渐消失。随着近年来中印关系日益被关注并重视，这一研究重新获得发展的契机。目前印度教研究在一定程度上得以保留，不过突破性的研究却不多。

**1. 主要研究力量布局、人才培养和队伍建设情况**

"十三五"时期，中国对印度教及其思想文化的研究在学科力量上仍比较弱小，其研究人员散见于中国社会科学院世界宗教研究所、北京大学东方语言学院、四川大学、浙江大学、复旦大学、华侨大学等高等学府和科研机构之中。

目前，聚集相关研究人员最多的是四川大学（中国南亚研究中心【国家高端智库】、南亚研究所和道教与宗教文化研究所），该校科研人员在"十三五"时期取得国家级和省部级的相关课题最多，例如有邱永辉研究员主持的《印度宗教与政治的关系研究》（国家社科基金重点项目），肖健美博士主持的《当代印度新乘佛教研究》（国家社科基金青年项目）；而教育部人文社科重点研究基地重大项目则有李涛研究员主持的《南亚宗教问题对"一带一路"的影响》和尹锡南研究员主持的《"一带一路"建设中的中国与南亚人文交流研究》等。

从全国的情况看，印度教及其相关研究的人才培养和队伍建设仍然十分不足，亟待在"十四五"时期得以加强。

**2. "十三五"时期印度教研究成绩和代表性人物**

据"国家哲学社会科学学术期刊数据库"的论文统计，2016—2019年发表相关论文共计约50篇，大致分为三类：印度教（人文研究，经典、神灵及在世界各地的发展）研究、印度教与政治的关系研究和印度教民族主义研究。

(1) 印度教研究

印度教研究的代表性人物是邱永辉研究员，继专著《印度教概论》（国家哲学社会科学成果文库）和《印度宗教多元文化》之后，他发表了《马克思论印度教社会与"东方学家"的印度观批判》和《印度教在中国：韦伯命题与云南经验》等研究论文。

"十三五"时期发表的印度教研究论文还有：王靖的《人神之间：论印度教中黑天形象的起源和嬗变》；王晴锋的《印度圣牛观解析——基于宗教、历史、理性选择与文化唯物主义》；李政阳的《国际奎师那知觉协会中国发展传播探析》；金杰的《泰国宗教文化中的印度教元素探析》；以及周广荣的《四部怛特罗考源》等。

(2) 印度教及其文化（瑜伽）研究

浙江大学王志成教授是著名的印度瑜伽经典的翻译者、研究者和宣传者，先后著有相关研究著作16部，翻译作品十余部，其中"十三五"时期的重要作品有：《瑜伽之海》（四川人民出版社，2016年）；《瑜伽是一场冒险》（四川人民出版社，2017年）；《阿育吠陀瑜伽》（四川人民出版社，2018年）；以及王志成汉译作品《九种奥义书》（罗摩南达·普拉萨德著，商务印书馆，2017年）；《智慧瑜伽》（商羯罗著，四川人民出版社，2018年第三版）；《瑜伽喜乐之光》（室利·维迪安拉列·斯瓦米著，斯瓦米·斯瓦哈南达英译，四川人民出版社，2017年）；《直抵瑜伽圣境》（斯瓦米·尼提亚斯瓦茹帕南达英译，商务印书馆，2018年）；《〈瑜伽经〉直译精解》（四川人民出版社，2019年）；《帕坦伽利〈瑜伽经〉及其权威阐释》（斯瓦米·帕拉伯瓦南达、克里斯多夫·伊舍伍德著，商务印书馆，2016年）；《吠陀智慧》（马赫什·帕布著，四川人民出版社，2018年）等。

"十三五"时期，中国学者发表瑜伽研究论文共 350 余篇，其中大部分是瑜伽作为健身、体育运动的研究，有论文 300 余篇。作为宗教文化的研究论文主要有：邱永辉的《瑜伽报告——印度文化软实力的传播》；乔斌的《中国传统瑜伽与中华养生文化比较研究》；田克萍的《从宗教修行到身体技术——论瑜伽文化的变迁》；巢巍的《文化向外交的跃变——印度瑜伽软外交之路初探》等。

（3）印度教与印度政治、经济和国际关系的研究

自 2014 年以莫迪为首的印度人民党赢得大选胜利，在联邦政府和地方政权两个层面不断走强，一党独大地位更加凸显，中国学术界的相关研究因而也日益加强，论文量明显增大。在"十三五"时期，邱永辉研究员完成专著《印度宗教与政治的关系研究》和论文《文化视角下的中印关系》《文化视角下的中印边界问题》等，相关研究论文还有陈小萍的《印度对华安全认知与政策选择：印度教民族主义的视角》，欧东明的《印度教派民族主义析论》，宋丽萍的《印度教特性运动的政治文化解读》，张家栋的《印度的克什米尔政策：从稳定优先到主权优先》，陈金英的《2019 年大选后印度政党政治的发展动向》等，该方向的研究正逐步跟上国际研究的热点并提出中国学者的意见。

## （二）印度教研究现状分析

### 1. 当前的薄弱环节

长期以来，我国学者对印度佛教、古典印度教（婆罗门教）研究较多，对当代印度教的研究不足；对印度教与政治（印度教民族主义）、经济和文化的关系，以及印度教民族主义政府的内政外交

的研究还十分缺乏。这些问题在"十三五"时期虽有所改善，但远不能满足学术研究和应用的迫切需要。目前中印关系极为复杂，人们开始更多地从现实社会政治等层面来观察研究印度教。这样，以往研究的短板突出呈现，社会对学术的需求迅速加大，故而应审时度势，增强在这一领域的专门探究。

**2. 当前存在的问题**

随着瑜伽成为连接中印文化交流的新纽带，中国社会和普通民众需要对印度瑜伽加深了解，研究界翻译著作日益增多，但印度瑜伽的"中国化"问题日渐突出。实际上，瑜伽在精神理念上深受印度教的影响，是其核心观念在修行实践中的体现，因此其在中国的流行就涉及其"中国化"的问题，亦有着瑜伽与太极等修炼实践上的中印对话与沟通。未来对于印度瑜伽经典的翻译与中国理解、中国实践与世界传播的研究，应当注意以中国文化和语言解释印度教的一些理念和概念，分析印度教特色的一些实践的（缺乏）理性化问题，以及对中国社会和民众的影响。

## （三）"十四五"时期印度宗教的重点研究课题建议

根据目前印度教研究的世界性学术前沿问题和发展趋势，在此提出以下两个重点研究课题并简要说明其研究内容，以供"十四五"时期的相关研究参考。

**1. 印度教民族主义研究**

自20世纪90年代以来，该问题的研究已经显示出其重要性和迫切性。其研究内容主要包括如下一些方面：

（1）印度教的当代发展与印度教民族主义的形成

19—20世纪印度教发展（改革）简史；20世纪30年代印度教民族主义思想的产生；印度教民族主义的发展——从"印度教特性"（Hindutva）到"印度教国家"。

（2）当代印度宗教与政治的关系之一——印度教作为政治的帮工

印度教民族主义的政治进化——从边缘到中心；印度政治中的印度教民族主义（思想观念、政治经济政策、与印度教极端主义势力的关系及发展动向）；核试验——民族主义安全政策、"司瓦德希"——经济民族主义政策、"橘黄色化"——文化民族主义政策、"印度教化"——"印度教特性实验室"；印度教民族主义对印度的挑战——阿约迪亚"庙寺之争"、印穆冲突、克什米尔暴力和印度教极端（恐怖）主义的近期发展。

（3）印度教民族主义的海外发展

"文明冲突论"与"印度教文明"；海外印度人团体的发展与英美印度移民中的印度教民族主义组织及活动；印度教民族主义政府的"古鲁外交"与国际关系。

（4）印度教民族主义与中印关系

印度教民族主义的对华认知和对华政策（聚焦西藏问题、边界争端和核问题）；2014年以来的中印人文交流发展：主要问题与政策建议。

**2. 中印文明对话与建构人类命运共同体的印度教思想资源**

这一研究的基本思路是加深中印文化理解，挖掘中印共享的文化资源和价值观，推进中印文化交流和文明对话，并对构建人类命运共同体的话语提供相应的印度思想资源。其主要研究内容包括：

（1）加强了解（学习）和研究印度古典宗教哲学和传统文化

深入进行印度哲学、宗教经典（特别是习近平主席在亚洲文明对话大会上提及的《梨俱吠陀》的学术研究），系统探究印度多元文化的历史与现状，厘清其在东西方文化交流中的作用与影响，并全面研究其与中国古代思想文化的对话与交流。

（2）展开对印度文明和文化的宗教性研究

一方面应该研究印度传统社会（习俗）与现代国家（法治）的矛盾，分阶段评估印度政治因素（印度教民族主义政策）对中印文化交流的制约和阻碍作用；另一方面则要深入发掘和梳理印度文明传统中的哲学思想和优秀价值观（如"四海一家"Vasudhaiva Kutumbakam 的理念和精神），并找到与中国"文明观"和中国文化理念相同或相似的方面进行比较与对话，以便提取可供加强中印文化交流的思想内容，并作为建立中印文化战略互信的基础。

（3）在中印双边研讨中倡导"世界新文化"理念

在当前中印对话研究中推出建立具有中印文化特色的"世界新文化"口号，提出并提倡中印共享的建立"世界新文化"的思想观念（和平、非暴力、平等、分享、和谐等），并以此作为"百年未有之世界变局"之下的中印全球治理合作的文化和价值观。

印度教研究目前在中国宗教学研究中仍属于薄弱环节，但因其历史文化传统及现实国际关联上的重要性，故很有必要在"十四五"时期对之加强。在这一领域，显然也可提供很多资源来推动中国宗教学学科体系、学术体系和话语体系的建设，推动开放性的学术比较与对话。

# 第九章

# 中国少数民族宗教与边疆地区宗教研究

  我们可以将中国少数民族的宗教信仰分作原生型宗教信仰和次生型宗教信仰两大类型，这类二元划分具有一定学术意义，有助于我们把握复杂多样的中国少数民族宗教信仰的本质，同时也有助于我们从宗教中国化的角度，引领中国少数民族宗教与社会主义社会和谐社会建设相适应的传播路径。原生型的中国少数民族宗教包括其原始宗教信仰诸形态，也包括其逐渐演化出的传统宗教、民间宗教及一些民族的特色宗教、本土宗教。次生型的中国少数民族宗教信仰是佛教、道教、儒教（学）、基督教、天主教、东正教、伊斯兰教等各类外来宗教与少数民族社会以及原生宗教长期融合的产物，历史上的印度教、祆教、摩尼教、拜火教、景教等也在个别中国少数民族地区传播，也可视作上述历史时期中国少数民族次生型宗教的表现。我们按照两种类型、九个方面系统梳理改革开放以来中国少数民族宗教研究尤其是"十三五"时期的学术研究领域，通过比较发现研究的薄弱环节，确定相关领域拟获得突破的选题方向，为"十四五"规划重点课题设计奠定坚实的学术基础。

## 一 中国少数民族宗教的学科理论建设

### (一)"十三五"时期研究回顾

作为一个研究领域乃至学科方向,中国少数民族宗教学取得了一定成绩。自 2009 年牟钟鉴先生出版《民族宗教学导论》,提出了相对成熟的民族宗教学学科理论框架,此后十年间基本没有基于学科建设高度思考少数民族宗教学的理论著作。在宗教文化生态论的视野中,张桥贵、孙浩然等研究了云南多元宗教和谐关系,形成专著《云南多元宗教和谐关系研究:基于社会学的跨学科视角》并于 2016 年由中国社会科学出版社出版。2016 年,中央民族大学出版社出版周永健的著作《中国西南苗族传统宗教研究》、魏强的著作《藏族宗教民俗研究》;2018 年,中央民族大学出版社出版胡文会的著作《湘西宗教文化源流研究》,民族出版社出版福建省民族与宗教研究所主编的《福建民族研究文集》,都是针对特定地域或特定民族宗教文化进行的中观研究,既不是基于民族宗教学的整体考虑做出的宏观研究,也不是基于某一民族社区、某一宗教现象,进行深描的民族宗教志微观研究。实际上,我国少数民族宗教现象的调查已经积累了较为坚实的学术基础与资料基础,相关研究突出了学术性、现实性、基础性,为今后学术突破提供了保障。因而,在"十四五"课题规划中应特别强调适应新时代要求的少数民族宗教学理论建设,推出中国少数民族宗教通论、中国少数民族宗教通史等重点选题。

世纪之交，龚学增、闵丽、吴碧君等学者基于全球化、现代化、城市化的视野反思民族宗教问题，形成了一些成果，这一发展在"十三五"时期得以延续。2017年，中央民族大学出版社出版李晟赟的著作《现代性视域下宗教对西北民族关系的影响》，同年社会科学文献出版社出版孙浩然的著作《云南宗教文化与民族团结的关系研究》，探讨了云南少数民族宗教文化对民族团结的影响功能。此外，曾豪杰著有《边疆多元宗教和谐及其治理：以云南为例》（云南大学出版社，2017年）。中国统一战线理论研究会民族宗教理论甘肃研究基地主编的《当代中国民族宗教问题研究》，2017年已由中国社会科学出版社出版至第10集。

在国家社科基金立项方面，2017年吕超申报了"中南亚地区民族宗教问题对'一带一路'建设的影响及对策研究"课题，2019年牛燕军也获得了"'一带一路'背景下民族宗教问题对西藏南亚大通道建设的影响及对策研究"的立项。这些发展体现出对研究少数民族宗教及民族地区宗教的重视。

在新时代推进西部大开发形成新格局的新征程中，城镇化、现代化、全球化对于中国少数民族宗教的影响仍然需要进一步关注。"十三五"时期对民族宗教问题新情况、新趋势的研究成果并不多，今后有必要继续从边疆安全、国防安全、国家安全的视角关注民族宗教问题，加强民族宗教工作的法治化水平，引导民族宗教更好地服务民族社会发展。

## （二）"十四五"时期规划选题建议

**1. 中国少数民族宗教学的学科理论与学科建设研究**

坚持习近平新时代中国特色社会主义思想，在已有研究基础上，进一步推动中国少数民族宗教的研究，完成中国少数民族宗教通论、中国少数民族宗教通史等奠基性研究，以完善中国少数民族宗教学的学科建设。

**2. 互嵌式社区中的民族关系与宗教关系研究**

结合习近平总书记视察新疆、云南等地的讲话精神，基于宗教文化生态与民族关系，根据民族地区互嵌式社区的具体情境，以这一探究来调研、分析宗教文化与民族团结的关系，探索其积极发展的有效途径。

**3. 中国少数民族宗教问题及对策研究**

目前这一领域的现实状况仍有其复杂性，因此这一研究重点在于现实操作层面的政策思考，以此为基础也可以考虑针对社会大众、党政干部、军人警察、大学生以及少数民族信教群众等不同群体撰写民族宗教政策读本。

**4. 中国边疆民族地区宗教治理研究**

边疆建设至关重要，该课题旨在识别中国边疆民族地区的宗教风险，研判其新问题、新趋势，提出科学治理对策，服务于"一带一路"国际合作和边疆民族地区社会稳定，推动中国边疆民族地区宗教治理的现代化、法治化。

**5. 新时代中国少数民族宗教工作研究**

从学科理论高度系统总结新中国民族宗教工作经验，在习近平新时代中国特色社会主义思想指导下，探讨宗教工作、民族工作、群众工作乃至统战工作、社会工作有机融合的理论框架、实践路径、服务意识、工作方法等，以此形成我们研究少数民族宗教的独有学术体系、话语体系。

## 二　中国少数民族原始宗教文化研究

### （一）"十三五"时期研究回顾

在中国少数民族原始宗教研究领域，中国学者取得了丰硕成果。其中，云南学者的少数民族原始宗教研究传统较为连贯，2016年高志英、苏翠薇的《云南原始宗教史纲》由云南大学出版社出版，收入《云南宗教系列专史》。

在萨满教研究方面，"十三五"时期，孟慧英主编的《萨满文化研究丛书》继续推出学术译著，如2017年出版加拿大学者杰里米·纳尔贝等主编的《穿越时光的萨满：通往知识的五百年之旅》，2019年出版英国学者I. M. 刘易斯的《中心与边缘：萨满教的社会人类学研究》。此外，中国社会科学出版社2016年出版苏联科学院院士А. Ф. 阿尼西莫夫的著作《西伯利亚埃文克人的原始宗教（古代氏族宗教和萨满教）：论原始宗教观念的起源》；社会科学文献出版社2018年出版美国学者米尔恰·伊利亚德的著作《萨满教：古老的入迷术》。

这一时期国内学术界更加注重从语言、文化特别是非物质文化遗产的视角开展萨满教研究，相关学术成果主要有杨朴等的《二人转与萨满研究》（社会科学文献出版社，2016年）、高长江的《萨满神歌语言认知问题研究》（吉林大学出版社，2017年）、宋和平的《满族石姓萨满文本译注与满语复原》（中国社会科学出版社，2018年）、刘桂腾的《鼓语：中国萨满乐器图释》（上海音乐出版社，2018年）、陈佳的《萨满艺术非物质文化遗产研究》（社会科学文献出版社，2018年）、邹克瑾的《萨满造型艺术的当代传承与转化》（中国社会科学出版社，2019年）等著作；朱恒夫主编的《东北汉军旗陈汉军萨满神书·宽甸汉军旗香香卷》（上海大学出版社，2018年）收入《中国傩戏剧本集成》。女性视角也有助于拓展萨满教研究的思路，如张丽红著《满族说部的萨满女神神话研究》（中国社会科学出版社，2016年）。此外，郭淑云的《〈乌布西奔妈妈〉研究》的英译本也于2019年在英国出版。而富育光、邵丽坤、高荷红、杨春风、苏静、李克、朱立春、周惠泉等，也都对满族说部相关资料进行了整理与研究。学者们从原始宗教、自然宗教、原生宗教、巫教等层面对萨满教进行了探究。

在中国少数民族图腾崇拜研究方面，何星亮等学者取得了较为丰富的成果。2018年，中国纺织出版社出版王士立的著作《海南黎族艺术中太阳崇拜文化意象研究》，说明从非物质文化遗产视角探讨少数民族宗教艺术，正逐渐成为该领域的一个热点话题。

20世纪末21世纪初学术界已经对蒙古族、纳西族、苗族等少数民族区域的祖先崇拜及其仪式、经典等进行了较为深入的研究与整理，并呈现出一大批研究成果。祖先崇拜在中国宗教文化中是一个典型现象，在少数民族的信仰传统中也特别突出，故其研究值得加强。但"十三五"时期相关研究成果并不是很多，今后仍需加大其研究的深度和广度，在相关成果中于洋、孟慧英等人的著作《满族罗关穆昆续谱与祭祖考察》（社会科学文献出版社，2019年）较有代表性。此外，杨亦花的《纳西族的祭祖仪式和东巴文祭祖经典调查研究》获得了2016年的国家社科基金资助，这些课题的设立促进了少数民族区域祖先崇拜现象的专题研究。

## （二）"十四五"时期规划选题建议

### 1. 中国少数民族原始宗教研究学术史回顾

这一课题旨在充分梳理中国少数民族原始宗教研究的学术史，回顾以往所关注的问题、展开的研究，以及取得的成就，从而能为今后这一学科建设提供资料、经验、方法等方面的学术基础。

### 2. 中国少数民族原始宗教研究的多学科拓展

当代学科发展中跨学科研究已被学术界广泛接受，因此也应该基于民族学、人类学、社会学、历史学、哲学、伦理学、文学、艺术学、经济学等多学科视角，运用口述史研究、影视人类学等方法，拓展中国少数民族宗教研究的视野。

### 3. 中国少数民族祖先崇拜研究

如前所述，这一研究在中国学术界有其特殊重要性，因此应该在已有田野研究、文献研究的基础上，进一步深入开展其口述史研究、比较研究和理论研究。

## 三 中国少数民族民间宗教文化研究

### （一）"十三五"时期研究回顾

学术界主要基于特定时期、特定地域、特定民族等范围，对中国少数民族的民间宗教或民间信仰进行研究。这些民间宗教及民间信仰既与汉族地区有着千丝万缕的关联，也体现出相关少数民族的特色。"十三五"时期的相关成果包括民族出版社2016年出版的黄家信主编《历史人类学视野下的土司信仰与土兵》、麻勇恒著《敬畏：苗族神判中的生命伦理》，2017年出版的滕兰花、胡小安主编《清代广西地区民间信仰、族群与区域社会研究》、明跃玲著《沅水流域民间村落的盘瓠神话与文化空间》，中国社会科学出版社2016年出版的巫宇军著《羌族释比音乐的功能、变迁与保护策略研究——以四川汶川阿尔村为例》、2017出版的张犇著《族释比法器风格研究》、2018年出版的李祥林著《民俗事象与族群生活：人类学视野中羌族民间文化研究》，这些研究皆与南方少数民族民间宗教文化有关；此外，中国社会科学出版社在2019年年底出版的李琳所著《湖南地区信仰民俗的文化生态及保护研究》，也涉及相关少数民族的信仰传统及对地方民俗文化发展演变的影响等。

比较而言，南方少数民族的民间宗教文化形态更为多样，"十三五"时期的相关研究成果也相对较多，择要列举如下：《壮族民间信仰的传说学管窥》（陈金文著，中国社会科学出版社，2016

年），《自然、神性与美：现代语境中的纳西族审美精神研究》（陈正勇著，复旦大学出版社，2017年），《国际视野中的贵州人类学：侗族巫蛊信仰与阶层婚研究》（曹端波著，贵州大学出版社，2017年），《中国土家族梯玛歌研究》（瞿州莲、罗中编著，民族出版社，2017年），《土家族冲寿傩仪及戏剧剧本》（庹修明著，贵州民族出版社，2017年），《时光的记忆：湘西土家族毛古斯舞研究》（金娟著，文化艺术出版社，2018年）《中国土家族梯玛歌研究》（上、下册，吉首大学等编，民族出版社，2018年），《纳西族东巴画田野调查及艺术教学研究》（杨鸿荣著，云南大学出版社，2018年），《阿倮欧滨：哈尼人一座灵魂的高地》（莫独著，广西师范大学出版社，2019年），《神灵世界的余韵——纳西族传统宇宙观、自然观、传统技术及生存方式之变迁》（田松著，民族出版社，2019年），《贵州丹寨县苗族丧葬仪式中的芦笙乐舞研究》（孟猛著，九州出版社，2019年），《土家族傩文化数字化传承研究》（聂森等著，中国社会科学出版社，2019年），《湘西苗族仪式音乐研究》（魏育鲲著，文化艺术出版社，2020年）等。

关于北方少数民族民间宗教研究，鄂崇荣曾从宗教人类学的视角分析土族民间信仰，2016年在中国社会科学出版社出版《青海民间信仰——以多民族文化为视角》，在研究中体现了民族性、地方性、文化性与多元性。奇车山、迪木拉提·奥迈尔编著的《锡伯族民间信仰与社会田野调查》（第一集、第二集，民族出版社，2017年）则体现了现实性与学术性。此外，在"十三五"时期，且正加的"甘青藏区文昌信仰的历史与现状研究"和包龙的"东北西部满蒙汉民族走廊民间宗教信仰的比较研究"课题分别获得了2016年和2017年的国家社科基金立项，对这一区域研究有所加强。

学术界对中国少数民族民间宗教祭祀的研究，涉及祭祀仪式、祭祀场所、祭祀音乐、祭祀典籍等内容，"十三五"时期的研究成果主要围绕蒙古族展开，如田宏利编著《漫话蒙古族节日与祭祀》（内蒙古人民出版社，2017年）、红梅著《当代蒙古族敖包祭祀音乐研究：以呼伦贝尔蒙古族敖包祭祀仪式为个案》（内蒙古人民出版社，2017年）等。

在中国少数民族民间宗教或者本土特色宗教研究方面，如纳西族的东巴教、藏族的苯教、壮族和布依族的"么教"、白族的本主崇拜、彝族的土主崇拜和毕摩教崇拜等，都取得了较为丰富的成果，主要集中在典籍整理、历史考证、仪式研究等领域，且其研究者多为本民族学者。"十三五"时期，关于东巴教的研究著作既有概论性的《田野里的东巴教文化》（和力民著，民族出版社，2016年）、《纳西东巴文字概论》（李静生著，云南大学出版社，2016年）、《东巴文古籍艺术》（徐丽华编，民族出版社，2016年）以及《东巴文考论稿》（和继全著，民族出版社，2017年），也有关注祭祀仪式与叙事传统的成果，如鲍江著《象征的来历：叶青村纳西族东巴教仪式研究》（民族出版社，2017年）、杨杰宏著《东巴仪式叙事程式研究》（中国社会科学出版社，2017年）与《东巴叙事传统研究》（暨南大学出版社，2019年）；还有调查研究与比较研究，如喻遂生等著《俄亚、白地东巴文化调查研究》（中国社会科学出版社，2016年）、王娟的著作《纳西东巴文辞书研究：方国瑜、李霖灿、洛克字词典的比较》（民族出版社，2018年）；在学者讨论东巴文化变迁与文化遗产保护上也有成果问世，如胡莹的著作《档案学视野下的东巴古籍文献遗产保护研究》（中国社会科学出版社，

2016年)、光映炯的著作《旅游场域与东巴艺术变迁》(民族出版社,2017年)等。

关于苯教的研究著作,主要涉及其历史源流、重要人物与宗教场所,如西藏藏文古籍出版社2017年出版雄·嘎玛坚参主编《苯教源流》、2018年出版珠达·索朗坚参著《苯教尊者尼玛彭色传记》、2019年出版琼布·洛追坚赞著《苯教远古历史源流》,东南大学出版社2019年出版戚瀚文、汪永平著《西藏苯教寺院建筑》等。

关于彝族毕摩崇拜的研究重点围绕宗教人物与宗教艺术,如马嘿玛伙等编的《安宁河流域毕摩与苏尼研究》(民族出版社,2016年)、师有福著《彝族阿哲毕摩绘画选》(云南民族出版社,2017年)。此外,关于白族本主崇拜的著作,则有饶峻姝、杨荣彬等著《大理白族本主崇拜及其本主庙装饰艺术》(中央民族大学出版社,2019年),其特点是突出了宗教艺术的研究视角。

民族信仰与民俗文化有着密切关联,甚至已经成为民俗文化的重要组成部分,形成地方文化传统及生活习惯,在民族记忆、风俗、标志、符号、语言、文字、艺术、音乐、节庆等方面留下了深深的印痕,甚至作为民族文化传统、非物质文化遗产等得以保留。而这些以宗教信仰形式而保留的民族传统及文化习俗在跨境少数民族居住区更应该高度重视和特别关注,其研究现实感强、政治性突出,尤其是其对策研究必须及时、有效、具有明显的可操作性。这对于加强中华民族命运共同体及文化共同体的构建、防范境外敌对势力利用宗教渗透,有着独特而无法取代的现实意义及政治意义。

## （二）"十四五"时期规划选题建议

**1. 非物质文化遗产视野下的中国少数民族民间宗教文化研究**

因循"十三五"时期学术界的研究动态，从跨学科的角度研究非物质文化遗产与中国少数民族民间宗教文化的关系，为具有民族、地方特色的非物质文化遗产的活态保护与传承提供学术支持。

**2. 中国少数民族民间宗教的生态文明思想与实践研究**

生态文明是当今社会普遍关注的一个重要话题，本课题旨在挖掘中国少数民族民间宗教文化蕴含的生态智慧、生态文明思想与具体保护实践，既可以分民族、分地域、分宗教进行梳理，又要强调其宏观整体研究，将之置于生态文明的整体视野中进行审视。

## 四　中国少数民族宗教文献的翻译、整理与研究

### （一）"十三五"时期研究回顾

广义上的中国少数民族宗教文献，既包括其原始文献，也包括使用民族文字撰述的研究文献，还包括相关外文研究文献。"十五"至"十二五"时期完成的《中国各民族原始宗教资料集成》《中国少数民族原始宗教经籍汇编》《中国西北宗教文献》《彝文典籍集成》《甘肃宕昌藏族家藏古藏文苯教文献》《中国贝叶经全集》《纳

西东巴古籍译注全集》等,具有重要的文献价值。"十三五"时期相比而言则缺少这类集成性的民族宗教文献丛书,但也推出了相关研究成果,主要包括《中国民族研究文献题录集成》(6册,胡展耀等编著,华中科技大学出版社,2015年、2016年、2017年)、《满族历史资料集成·民间祭祀卷》(何晓芳编,辽宁民族出版社,2016年)、《藏族古日历和祭祀图谱研究》(徐丽华著,民族出版社,2016年)、《仫佬族地区文书古籍影印校注》(全2卷,广西壮族自治区少数民族古籍工作办公室编,广西教育出版社,2016年)、《国家级非物质文化遗产:德江傩堂戏》(张月福等著,贵州民族出版社,2016年)、《水书:六十龙备要》(上下册,三都水族自治县档案史志局编,贵州民族出版社,2017年)、《哈佛燕京学社藏纳西东巴经书》第五卷、第六卷(中国社会科学院民族学与人类学研究所等编,中国社会科学出版社,2017年)、《羌族石刻文献集成》(曾晓梅、吴明冉编,巴蜀书社,2017年)、《彝文文献经典系列·祭祀经文篇》(贵州省民族古籍整理办公室编,贵州民族出版社,2017年)、《中国彝族梅葛史诗丛书:梅葛祭》(郭晓炜编,中国质检出版社,2017年)、《黔西北彝族经籍研究》(王明贵著,民族出版社,2017年)、《国家珍贵古籍名录楚雄彝文古籍合编影印本》(楚雄彝族文化研究院,云南人民出版社,2017年)、《云南彝族重要古籍文献数字化保护与整理研究》(龙倮贵、曹贵雄著,中国商务出版社,2017年)、《彝族传世经典》(编委会编,四川民族出版社,2018年)、《贵州少数民族经典遗存大系》(贵州省民族古籍整理办公室编,贵州大学出版社,2018年)、《布依族古籍文献研究文集》(周国炎主编,贵州大学出版社,2018年)、《布依族摩经典籍》(安顺市民族宗教事务委员会编,贵州民族出版社,2018年)、

《赫章苗族祭祀经》（杨才华编译，贵州大学出版社，2018年），《佤族祭词研究》（叶黑龙著，社会科学文献出版社，2018年），《中国傩戏剧本集成》（朱恒夫主编，上海大学出版社，2018年）中的相关部分，以及《月亮山苗族贾理》（从江县苗学会等编，贵州大学出版社，2019年）等。

"十三五"时期，少数民族文字的研究文献主要有藏文著作《西藏苯教寺院历史及其现状》（夏玉·平措次仁，西藏人民出版社，2017年）与《苯教因明学入门知识》（雄·嘎玛坚参主编，西藏藏文古籍出版社，2017年），以及蒙古文著作《科尔沁蒙古族博祭祀》（包朝格柱、包嘎日迪编，辽宁民族出版社，2017年）。

## （二）"十四五"时期规划选题建议

**1. 中国少数民族宗教文献数据库建设**

在对各地少数民族宗教文献搜集、整理等已有研究基础上，再对研究相对薄弱的东南少数民族宗教文献进行重点收集、整理，同时也组织整理、翻译海外有价值的相关学术成果，以此而对中国少数民族宗教文献尤其是古籍进行数字化保护，建设资料数据库。

**2. 中国少数民族宗教志通编**

现代学术的一个特点就是注重整体性、系统性、全局性的研究。因此，这一课题旨在以区域性民族宗教志为基础，将民族宗教作为整体概念（而不是分民族、宗教的各自侧重），来编纂具有文献价值与学术价值的《中国少数民族宗教志》。

## 五　中国少数民族的佛教文化研究

### (一) "十三五" 时期研究回顾

佛教对中国一些少数民族的影响较深，学术界的相关研究颇为丰富。不过，"十三五"时期关于中国少数民族佛教文化的研究主要关注其文化艺术，这一领域的成果相对较多。

综合来看，藏传佛教的研究成果，涉及佛教造像的有张建林等著《西藏东部吐蕃佛教造像：芒康、察雅考古调查与研究报告》（社会科学文献出版社，2018 年），以及奥地利学者克里斯汀·卢扎尼兹所著《喜马拉雅西部早期佛教泥塑：10 世纪末至 13 世纪初》（中国藏学出版社，2018 年）的中文翻译著作；关注佛教艺术传承的有郑云峰编著《佛光照高原：三江源地区的佛教源流与佛教艺术》（青岛出版社，2016 年）、夏吾才让与关却杰著《藏传佛教唐卡艺术绘画技法》（青海人民出版社，2016 年）、李元元著《经堂与市场之间：青海黄南藏族自治州唐卡文化产业与民族社区发展研究》（民族出版社，2018 年）；关注佛教仪式的有卡尔梅·桑丹坚参著《藏族历史、传说、仪轨和信仰研究》（中国藏学出版社，2016 年）、堪布·班玛香曲著《藏传佛教八关斋戒》（青海民族出版社，2017 年）；探讨教理教义及哲学思想的有旦增·龙多尼玛著《藏传佛教大圆满传承史》（西藏藏文古籍出版社，2016 年）、何杰峰著《藏传佛教判教研究》（巴蜀书社，2016 年）、班班多杰著《藏传佛教思想史纲》（人民出版社，2017 年）、周炜著《佛智：藏传佛教的文化语境》（中国藏学出版社，2018年）和《古藏语文学写本的佛教语境》（中国藏学出版社，2019年）；研究风俗习惯的有魏强著《藏族宗教民俗研究》（中央民族大学出版社，2016年）、才让著《藏传佛教信仰与民俗》（上海古籍出版社，2017年）；涉及藏传佛教寺院及佛塔的有李顺庆著《藏彝走廊北部地区藏传佛教寺院研究》（巴蜀书社，2016年）、覃力撰文《青海同仁藏传佛教寺院》（中国建筑工业出版社，2016年）、龙珠多杰著《藏传佛教寺院建筑文化研究》（社会科学文献出版社，2016年）、周晶与李天著《雪山中的曼荼罗：藏传佛教大型佛塔研究》（中国建筑工业出版社，2016年）、次旦扎西与顿拉著《西藏佛教寺院事务管理研究：以拉萨三大寺为例》（社会科学文献出版社，2016年）、汪永平等著《拉萨藏传佛教建筑》（东南大学出版社，2019年）等；对某一民族地区或多个民族藏传佛教进行研究的有杨学政著《藏族、纳西族、普米族的藏传佛教》（云南人民出版社，2016年）、昂巴著《安多藏区藏传佛教实地研究》（甘肃人民出版社，2017年）、拉科·益西多杰编译《藏传佛教五大教派名僧传》（青海人民出版社，2019年）。此外，国家宗教事务局组编《藏传佛教爱国主义教程（试用本）》（宗教文化出版社，2016年）以及郑堆主编的《藏传佛教教义阐释研究文集·藏传佛教与爱国思想研究专辑》（中国藏学出版社，2019年）等研究是将之置于藏传佛教中国化的视野来理解。而张玉皎著《藏传佛教女性观研究》（社会科学文献出版社，2020年）则突出了性别视角，从女性观的现代发展来对之展开研究。

南传佛教的研究成果涉及艺术与仪式关系的则有杨民康著《中国南传佛教音乐文化研究》（高等教育出版社，2016年）、田玉玲著《供奉与表达：傣族南传佛教艺术与"赕"的关系解析》（云南大学出版社，2018年）；涉及信仰功能的有章立明等著《民族地区宗教信仰与社会秩序的民族志研究——以南传佛教文化区为例》（人民出版社，2016年）、陈荟著《西双版纳傣族寺庙教育与学校教育共生研究》（科学出版社，2019年）、徐伟兵著《傣楼与佛寺：西双版纳曼景傣人的"家"》（社会科学文献出版社，2019年）；而其综合研究还包括郑筱筠、康南山主编的《首届南传佛教高峰论坛文集》（中国社会科学出版社，2017年）等。

关于蒙古族佛教信仰的研究，主要关注其音乐艺术，如乌兰杰主编《蒙古族佛教歌曲选》（宗教文化出版社，2017年），以及楚高娃著《蒙古佛教本尊与护法神诵经音乐之密律》（中央民族大学出版社，2019年）等。

关于白族佛教信仰的研究主要围绕其佛教画像与经典，如侯冲著《"白密"何在：云南汉传佛教经典文献研究》（广西师范大学出版社，2017年）、古正美著《〈张胜温梵画卷〉研究：云南后理国段智兴时代的佛教画像》（民族出版社，2018年）等。此外，钱光胜"宋元以来白族丧葬习俗与佛教信仰关系研究"等课题于2017年获得了国家社科基金立项，在一定程度上也丰富了白族佛教信仰的研究。

关于西夏佛教研究，崔红芬的几部著作较有代表性，包括宗教文化出版社2017年出版的《西夏佛教文献研究论集》；而中国社会科学院民族学与人类学研究所编译的《俄藏黑水城文献（25—29）西夏文佛教部分》（上海古籍出版社，2016—2019年）等也具有重要的文献价值；此外，孙伯君等著《西夏文藏传佛教史料："大手印"法经典研究》（中国藏学出版社，2018年）则利用西夏佛教文献分析了藏传佛教仪式。

历史上，佛教对新疆少数民族的产生有过一定影响。在"十三五"期间，陈爱峰的《吐鲁番藏传佛教遗存调查与研究》课题获得了2018年的国家社科基金立项。新疆维吾尔自治区文物局编纂了两卷本《新疆佛教遗址》（科学出版社，2016年），薛宗正、霍旭初著《龟兹历史与佛教文化》（商务印书馆，2016年）等研究回溯了这段古代历史；乌云的著作《新疆佛教石窟中的古代民族服饰研究》（中国建筑工业出版社，2017年）充分利用了新疆佛教石窟资料来展开专题研究，而杨富学著《回鹘文佛教文献研究》（上海古籍出版社，2018年）等亦具有一定的学术价值。

目前对少数民族中的佛教信仰研究，重点在于南传佛教、藏传佛教在相关少数民族及地区的存在和发展的探讨，其中藏传佛教与象雄文化的关系、藏传佛教与苯波教的关系等相关研究都明显加强。此外，蒙古族佛教问题也受到了特别关注，其中亦涉及对蒙藏佛教、蒙古佛教或蒙文佛教等表述的推敲和商榷等。而在上述研究中，其文献研究则占有很大比重，推出了不少可喜成果。不过，在汉传佛教的全面研究中，少数民族与汉传佛教的复杂关系及其历史演化，却没有得到足够的重视，这是今后研究需要补充完善的。

### （二）"十四五"时期规划选题建议

**汉传佛教与中国少数民族关系研究：**

如前所述，汉传佛教在少数民族地区的发展传播尚未得到系统研究，因此建议"十四五"规划设立汉传佛教与中国少数民族关系研究领域的相关选题。这类课题可以对佛教与中国少数民族关系研究中相对薄弱的环节进行深入、全面的探讨，以取得关键性突破，于此则能更好地服务于中国少数民族佛教中国化的社会实践。

## 六 中国少数民族的道教文化与儒教文化研究

### （一）"十三五"时期研究回顾

"十三五"时期，相关成果有加央平措著《关帝信仰与格萨尔崇拜：以藏传佛教为视域的文化现象解析》（社会科学文献出版社，2016年），涉及道教与藏传佛教乃至儒教的关系，这启示我们基于中华民族多元一体格局研究道教在中国少数民族地区的传播历史与现实影响。此外，刘尧汉著《中国文明源头新探——道家与彝族虎宇宙观》于2016年由云南人民出版社再版。而《清代瑶族神像画》（陈杉、平一斯编，四川大学出版社，2018年）则涉及瑶传道教艺术研究。总体来看，这一方面的研究并未系统展开，仅有零星成果出现，故其研究在"十四五"时期尚有待加强。

### （二）"十四五"规划选题建议

**1. 中国少数民族道教通史**

中国道教通史研究已经取得丰硕成果，系统研究道教在中国各少数民族地区的传播历史、社会文化影响、现实传承等则需要加强，由此可深入探讨中国少数民族道教民族化、本土化、中国化的理论经验。

**2. 儒学儒教在中国少数民族地区的传播研究**

儒学儒教在中国社会基层有着广泛影响，以前对汉族地区的儒教情况研究较多。今后应该基于中华民族多元一体格局，重点整理中国少数民族地区儒学儒教资料，为中国少数民族儒学儒教通史研究奠定基础。

## 七　中国少数民族基督教研究

### （一）"十三五"时期研究回顾

广义的基督教又称基督宗教，包括天主教、东正教、基督新教以及聂斯托利派（景教）等其他教派。基督宗教中的新教、天主教与中国少数民族产生了较深关系，基督教在这些少数民族中的传播在一定程度上也影响到其少数民族语言文字、风俗习惯以及非物质文化遗产等方面的发展。这种影响迄今仍存，而且在一些少数民族地区信仰基督教的现象还比较典型。于是，我们研究少数民族及其地区基督教的情况就具有独特意义和现实需求。此外，历史上中国北方一些少数民族曾信仰景教，留有其历史遗存；而东正教则主要影响到中国东北部分俄罗斯族、鄂伦春族群众。基督教新教则在西南少数民族地区有着明显的发展及影响。学术界对基督教与中国少数民族的关系研究积淀了一定成果，"十三五"时期的研究成果虽然相对较少，但以张桥贵教授主持的国家社科基金重大招标项目"我国少数民族基督教研究"（2018 年免于鉴定结项）和"中国少数民族基督教通史研究"（2019 年立项）则为这一领域的研究重点，其学术价值及现实意义都很大。在这一研究中，学术界特别重视对西方传教士在我国少数民族地区传教及其形成的影响等展开系统研究；除了历史的回溯之外，目前关注的焦点也包括在跨境民族地区境外基督教渗透的现状及其有效防范等问题。其他代表著作如下：

在新教与中国少数民族关系研究方面，有邓杰著《医疗与布道：中华基督教会在川康边地的医疗服务研究》（中国社会科学出版社，2017 年）、英国传教士 W. A. 格里斯特著，东人达等译著《塞缪尔·柏格理——在华传教士的开拓者（1864—1915）》（中国文史出版社，2018 年）。天主教与中国少数民族关系研究方面，则有张彧著《晚清时期天主教会在内蒙古地区活动研究》（中国社会科学出版社，2018 年），以及刘瑞云著《19 世纪中叶法国人在川滇藏区的活动研究——以巴黎外方会会士为主体的历史学考察》（四川大学出版社，2018 年）等。

## （二）"十四五"时期课题建议

**1. 中国少数民族地区外国传教士文献的翻译、整理与研究**

系统翻译、整理与研究在中国少数民族地区活动的基督教外国传教士、天主教神父的日记、回忆录、传记、游记以及关于少数民族的研究著作非常重要，这不仅是历史的回溯，而且涉及对基督教在华传播的整体评估问题。我们只有全面掌握第一手材料，才能获得其评价研究上的真正话语权。

**2. 天主教与中国少数民族关系研究**

这一课题旨在对目前研究成果相对薄弱、但历史和现实联系又非常密切的天主教与中国少数民族关系进行系统性、综合性研究。天主教在华历史比较悠久，过去主要关注天主教在汉族地区的传播及影响，而对其在少数民族地区的情况研究不多，成果稀少。随着国际上中梵关系的现状及进展，对天主教的研究必须全面加强，其中自然包括对天主教与少数民族关系的深入研究。

**3. 中国少数民族地区基督宗教传播比较研究**

比较基督教新教、天主教乃至东正教、景教等在不同少数民族地区传播的特征、影响，这对于探寻我国少数民族基督宗教传播本土化、民族化、中国化的规律亦有着现实意义和独特价值。

## 八　中国少数民族的伊斯兰教研究

### （一）"十三五"时期研究回顾

中国少数民族的伊斯兰教信仰，应突出伊斯兰教与中国少数民族的关系，而不是泛论伊斯兰教。有一些少数民族在历史上形成了与伊斯兰教的复杂关联，这是学术界在研究中极为关注和研究颇多的领域。"十三五"时期的相关著作较为关注现实，如马晓军的

《城市化进程中的中原回族伊斯兰教研究》（甘肃人民出版社，2016年）；也较为关注民俗艺术，如马盛德的《西北地区信奉伊斯兰教民族婚俗舞蹈研究》（中华书局，2017年）；同时也关注文献整理，如姚继德主编《云南回族古籍典藏》（十卷本，云南人民出版社，2017年）、广州市回族历史文化研究会与广州市伊斯兰教协会编《广州回族碑刻匾联集》（广东人民出版社，2017年）等；有些著作则突出性别研究的视角，如马桂芬著《西北穆斯林妇女社会参与研究——基于甘肃省回族、东乡族妇女的个案研究》（人民出版社，2017年）。在"十三五"时期，每年都有关于少数民族伊斯兰信仰研究的课题立项，如努尔买买提·托乎提的"中国维吾尔族伊斯兰教本土化研究"，李先荣的"新疆少数民族聚居区宗教治理长效机制研究"，常青的"从'广河现象'透视甘宁青三省伊斯兰教宗教信仰中的新情况、新问题研究"，马良成的"伊斯兰教在云南的中国化历程与经验研究"等课题都得到了国家社科基金的资助。这也充分说明我国对少数民族信仰伊斯兰教的情况有着系统把握和经常性研究，其对于民族团结、社会稳定、边疆安全等都有着重大意义。

## （二）"十四五"规划课题建议

**1. 伊斯兰教在西北十个少数民族地区的中国化研究**

本课题的构设旨在对我国西北地区信仰伊斯兰教的十个少数民族社会发展、宗教信仰开展相关调查研究，分析我国伊斯兰教中国化的成功经验与具体路径。

**2. 中国少数民族女性穆斯林群体研究**

基于性别视角，研究我国少数民族女性穆斯林群体的生活现状、社会参与状况、在民族地区社会发展中的特殊作用等，是今后宗教学研究的一个重要领域。这一探究也可在女性与宗教之话题的全面研究中来具体展开。

# 第 十 章

# "十四五"时期宗教学发展前瞻

总体来看,"十三五"时期中国宗教学保持了其全面发展的良好态势,在研究领域也取得了许多新的成果,在习近平总书记"5·17"重要讲话精神的鼓舞下,中国宗教学理应会有光明前景和更好发展。目前制约宗教学发展的关键问题之一就是其学术成果如何顺利推出的问题。全国能够发表宗教学论文的杂志不足10个,其中宗教学专业核心期刊仅有3个,这一状况应该引起有关部门的关注,我们坚信在"十四五"时期中国宗教学研究的成果发表会迎来更好的条件、有着更多的机遇,而宗教学年鉴、蓝皮书等今后也会及时出版,从而可以体现出年鉴和蓝皮书及时推出的现实意义及社会作用。一旦这种局面得以顺利打开,那么中国宗教学的学科体系、学术体系和话语体系的建设则会健康而全面展开,从而有着中国宗教学繁荣发展的光明前景。

习近平总书记在"5·17"重要讲话中把宗教学作为十一个"要加快完善对哲学社会科学具有支撑作用的学科"之一,对之定位之高不言而喻。而且习近平总书记在讲话中还特别强调了"对学者参加国际学术会议、发表学术文章,要给予支持"。① 为了改变我国哲学社会科学研究"有数量缺质量、有专家缺大师""著作等'心'者不多"的尴尬状况,我们应该贯彻落实学术研究中的"双百"方针,"坚持和发扬学术民主,尊重差异,包容多样,提倡不同学术观点、不同风格学派相互切磋、平等讨论",学术批评必须忠实原典、摆明事实、讲清道理,而"领导干部要以科学态度对待哲学社会科学,尊重哲学社会科学工作者的辛勤付出和研究成果"。② 宗教学是当前哲学社会科学中非常敏感且处境比较困难的学科,却也是其非常重要尤其是眼下不可缺少的学科之一,无论从国内形势还是从国际环境来看,宗教学的研究及对解决相关问题的参与都具有现实意义,加强这一研究乃迫在眉睫、时不我待,因此各有关部门应该高度重视、积极护持、有效推动其发展,这样使宗教学在今后有效发挥其服务于现实社会需求的实际作用。

从国际学术发展来看,世界范围的宗教学正处于转型时期,西方宗教学术界明显有着发展乏力、后继缺人的现象,与中国宗教学的勃勃发展形成鲜明对照。目前是中国宗教学崛起的最佳时期,完全可以在世界宗教学领域脱颖而出,让世界知道"学术中的中国""为人类文明作贡献的中国"。我们目前已经具备提出、运用新思想、新理念、新办法的能力,正在开始体现中国特色、中国风格和中国气派。为此,我们应该抓住这一蓬勃发展的大好时机。我们要特别意识到宗教学是对人的精神世界及其存在社会的探究,具有跨学科研究的特点,可以体现多学科合作研究的综合优势,在当今自

---

① 《习近平谈治国理政》(第2卷),外文出版社2017年版,第345、346页。
② 引文参见中央宣传部主管、《党建》杂志社主办《学习活页文选》2016年第41期。

然科学与社会科学的有机结合中也体现出其独特价值和重要意义。因此，以一种开放、比较、求真、务实的态度和严谨、科学的方法全方位地展开宗教学研究，是其在"十四五"时期存在与发展的关键所在。

## 一　需要深化和拓展的重要研究领域、方向和范围

中国宗教学的发展应该体现出其政治性、中国性和时代性这三大特点，这在构建中国特色宗教学学科体系、学术体系和话语体系上至关重要，也是其深化和拓展的重要研究领域、方向和范围。

"政治性"就是要体现出中国宗教学的政治定位，从而形成与西方乃至国外宗教学定位的区别。这种政治性即要彰显中国宗教学是以马克思主义为指导的哲学社会科学研究领域，因此认真钻研、探究马克思主义经典作家关于宗教的思想论述及其时代文化背景是中国宗教学的基本功和政治站位，对于马克思主义必须持有科学、认真、严谨的学术态度，必须回到其原典仔细推敲，言之有据，阐发合理，而不可随心所欲、信口开河、轻率任意。这样，深入研究马克思主义宗教观、创建马克思主义宗教学，就是我们中国宗教学的首要任务。这一重要研究领域及其方向在世界宗教学上是独一无二的，只有中国宗教学才能承担这一使命、完成这一任务。于是，中国宗教学的这种"政治性"既是其唯一拥有，也是其理论特色。

"中国性"就是要发展中国特色的宗教学，从而与国际宗教学形成对比、对话、对接、对应。"中国性"是中国宗教学独立于世界宗教学之林、傲然独步于国际宗教学舞台的独门绝技，虽然有

"国际汉学"的发展传承,其领域及其学者的中国研究仍然不够深入,给人一种隔靴搔痒、难入其堂奥之感。因此,如何发掘、弘扬这种"中国性"就是中国宗教学未来的重要发展方向和研究范围。这种"中国性"是其学术精神的中国性,要弘扬中国学人的中华精神传承,使中国宗教学体现出中华优秀文化的精气神;是要突出中国思维特色,如与西方"二元分殊"思维明显不同的"多元通和"及其圆融整合的思想,可在中国宗教学的基本思想理论中得以充分体现;是要展示中国的学术传承,从古至今地梳理中国学术界对宗教的思考、研究、态度及其运用,形成中国自己的宗教学思想史;这样则可超越西方宗教学学科历史不足二百年的局限,发掘并展现中国自己的宗教认知历史及其学术传承;此外还要总结、建立中国宗教学基于中华文化传统、语言特色的话语体系,这就要求我们基于中国丰富的语言文库及其思维传承来重新梳理、创新建立中国宗教学的话语体系,有我们自己文化资源中的宗教术语、宗教理解;在此,建议应该重点梳理、回溯、解释、厘定我们对"宗教""宗教性""信仰""祭祀""巫术""巫魅""迷信""神明""神秘""神性""神圣""神学""神修""神仙""神灵""上帝""天主""天""帝""道""太一""虚神""教""灵魂""心灵""修行""修炼""修养""修道""道统""天人合一""绝地天通""心醉神迷""生死""怪力乱神""寺""庙""宫""观""堂""淫祀""建构性""弥散性"等术语的文字渊源、语义演变、实际应用、当代诠释等内容。不过,这种"中国性"的体现不是关门封闭的孤芳自赏、缺乏比较的孤独自表,而要以开放性、对话性的姿态来形成国际比较、世界对话,达到知己知彼、分清异同。

"时代性"就是要展示中国宗教学鲜明的时代特色,使之发展为一种与时俱进、不断创新的、充满活力的当代人文社会科学的专门学科存在。这种"时代性",一是要观察国际现实状况,放眼看世界,有对学界及政界冷静分析、正确应对国际局势的智库参与,把握宗教在世界现实中的处境及其作用;二是要关注重大现实问题,参加对"共建人类命运共同体""一带一路国际合作""新冠病毒疫情发展"等当下议题的学术建言献策,说明其中的宗教因素及其可能影响;三是要注意中国当代社会的发展变迁及其未来走向,研究中国宗教现状及其作用,分析其社会功能、政治动向以及对民众的影响、对自我的定位,以学术睿智来帮助处理好当代中国的政教关系、政社关系、政群关系等;四是要正确分析、判断社会舆论、舆情对宗教的影响和引导,帮助形成促进宗教积极社会功能、防范其负面功能的社会氛围,以对宗教的正确理解、合法包容来参与积极引导中国宗教的中国化和对中国社会主义社会的积极适应;五是研究现代宗教在文化发展、精神传承中的意义与作用,鼓励并协助宗教界的学术研究、理论创见、文献整理以及文化遗产的保存等活动,使中国宗教真正能够与中国社会有机结合、与中华文化和谐圆融。

## 二 重点研究课题构设

基于宗教学上述各分支学科及研究领域的相关思考及建议,现总结、综合提出在"十四五"时期值得推行的如下 20 个重点研究课题构设及建议:

**1. 马克思主义宗教学的理论与体系**

建立马克思主义宗教学的理论体系，应该是"十四五"时期中国宗教学发展的一个重大课题，这一研究可以包括对马克思主义宗教观的系统阐发，清晰勾勒出其基本思想和基本原则，以及对马克思主义宗教学"三大体系"即学科体系、学术体系和话语体系的系统构建。其理论与体系的建设必须立于系统研习马克思主义宗教观的基础上，依于对马克思主义经典作家的原著研读，坚持历史唯物主义和辩证唯物主义的立场、观点和方法，而且还必须理论联系实际，做到与时俱进、开拓创新。

**2. 马克思主义宗教观的历史发展**

这一课题应该认真发掘、系统梳理马克思主义宗教观的思想渊源、社会背景、历史发展、基本内容、体系结构、理论特色、精神关联、发展方向，以及中国特色的体现，注重马克思主义宗教观在当代中国的创新性发展和弘扬。其重点是历史的回溯及审视，根据历史事实来说明问题，反对历史虚无主义和对经典作家相关论述的断章取义以及脱离其社会历史实际的任意发挥。此外，对马克思主义宗教观的历史探究也应该采取开放性、对话性、符合社会历史实际及学术发展真实的态度，客观勾勒马克思主义宗教观的形成及发展。

**3. 中外无神论的历史及其史料研究**

我国当前无神论研究在历史回顾和发掘上仍然存在薄弱环节，需要及时补充完善，解决现存研究中仍存在的浮于表面、缺乏历史基础和理论厚重的学术差距。这种研究中外并重、齐头并进，对无神论的历史发展应该有深入、系统的梳理，给出历史唯物主义的解说，展示出科学、客观的辩证思考。目前在中国无神论历史的研究领域已经取得不少成果，有系统的专著问世，而在外国无神论尤其是西方无神论的研究上则远远不够，亟待加强。可以说，西方无神论是马克思主义无神论的历史背景，二者之间有着复杂关联。但不可将马克思主义无神论等同于西方无神论，因为马克思主义无神论在世界观、方法论、社会关联上要远比西方无神论各流派包括其"战斗无神论"及近现代无神论更为科学、正确。所以，要想说清无神论并对之加以客观评价和科学运用，都有待于对无神论历史加以系统、全面的研究。

### 4. 当代中国宗教学"三大体系"建设

中国宗教学经过上百年的学科建设和改革开放以来四十多年的全面发展，已经具备了建立其系统学科体系的条件和能力，因此这一研究应该注重其学科体系、学术原理、理论方法的创建，以开放、比较之姿态而重点基于中国话语、中国资源以及中国问题意识，形成中国宗教学的理论特色和学科特点。当然，中国宗教学"三大体系"尚在构建之中，对之应该进行客观、冷静的分析，区别其努力之途径与前瞻之愿景，其发展过程则应允许不断调适、改进和完善。所以说，其建设应展望其"应然"，努力于其"实然"，不断拓展，止于至善。

### 5. 宗教中国化史料整理与研究

我国宗教坚持中国化方向是积极引导宗教与社会主义社会相适

应、行稳致远的战略考量，故相关研究应该注重其经验总结和资料积累。在目前宗教中国化研究多有理论阐发的基础上，建议委托已有重要前期研究成果的相关机构来牵头承担、共同合作。以此使一部中国宗教史主要展示为五大宗教基于及扎根中华大地、融入并体现中华文化传统、适应中国社会发展的历史过程，以此历史的厚重来有力推动"宗教中国化"的研究与实践。

**6. 中国宗教思想通史研究**

中国特色宗教学体系的建立，需要中华宗教文化的思想资源来作为历史基础，因此应该对中国宗教的思想发展史展开深入、系统的研究；这一研究基于思想史料的梳理来探索中国宗教思想发展演变的轨迹和其思维特点，找出其精神传承的历史规律和社会启迪意义。其实施有利于对中国宗教理解的客观、科学阐释。为此，中国宗教思想史的研究必须与中国思想通史的研究有机结合，同时也应该以中外思想文化交流史为参照，开拓视域，写出随历史脉搏而跳动、富有动感及鲜活生命力的中国信仰精神之思想史。

**7. 新冠疫情后的世界宗教发展研究**

新冠疫情给世界发展势必带来巨变，形成旧时代与新时期的鲜明分水岭。目前这种变动的迹象已越来越明显，其中宗教的变化也格外引人注目，如从对超然外在之绝对存在的关注转向对神秘内在之精神灵性的思考，从对形而上学哲学思辨之探转向对内蕴精神现象及心理因素的摸索，以及从不留余地的断然之论转向含蓄模糊的不定之见等。因此，有必要深入观察、研究疫情后宗教对国际政治的影响、对各国政教关系的作用、对人们精神认知的变动，对其宗教自身存在方式、传播模式、社会结构、信仰思想的演变，以及对宗教未来走向和前景等加以科学预测。

### 8. 中国佛教宗派特色研究

中国佛教自印度传入以来，与印度佛教出现了明显不同，其典型特点就是中国佛教宗派的形成及发展。这种宗教派别的分类一直有着不同理解，中国佛教是否存在宗派，或者应该如何来理解其宗派，成为中国佛教史研究的热点问题。我们不应该简单化地用日本佛教宗派的概念来"回溯"或构建中国佛教宗派，而应建基于对中国社会结构及其组织特点来理解其宗教宗派，与中国传统宗法制度相对应和比较，反思"法缘宗族"的概念等。中国佛教各宗派之间，所谓的"宗派"性质其实有着根本性的区别，很难等量齐观，因此应通过对地方性佛教教派的深入研究而提出新的理论解释。

### 9. 佛教义疏学研究

佛教义理研究作为佛教研究的核心值得进一步拓展，需要产生新的学术增长点。历史上的佛教徒很少"孤明先发"，而是通过对以往佛教重要典籍不断注疏的方式来发挥新的教义思想，形成所谓"佛教经学"。随着中国儒家经学史研究的深入，及其"义疏学"的理论范式的提出，也可以考虑将义疏学引入佛教的研究领域，展开对佛教义疏学的研究。

### 10. 人间佛教研究

人间佛教的倡导者太虚是佛教思想及其人物研究的一个重点，在当今海峡两岸的佛教界有着广泛的讨论，对其宗教传承及当前代表，也有着许多讨论与争鸣。

人间佛教在一定程度上反映了中国佛教现代化的进程，同时也伴随着中国佛教的国际化，从现代性、民族主义乃至全球化等多重视角来研究人间佛教思想和实践，并将之放在世界佛教现代化的范围内观察，可将其视为"社会参与式佛教"的重要表现形态，有着现实及理论意义。人间佛教研究对于反思宗教世俗化、宗教现代化，构建中国特色宗教学理论，都是具有学术前瞻性的课题。

**11. 道教礼仪与民间社会信仰研究**

道教与中国民间社会文化有着密切的关联，其礼仪则充分体现出中国社会基层民众的宗教信仰实践及其与民间习俗的有机联系。道教文献典籍的研究已经充分展开，取得了很多成果，因此今后应该加强对道教礼仪及其社会实践的研究，找出其与基层民间社会紧密关联的奥秘，进而有理有据地说明中国社会基层及其民俗活动中的宗教因素及特点。这也是分析当代中国基层社会信仰生活的一个重要参照点。此外，"仪式感"在人类文化现象中有着独特意义，而探究宗教的仪式及其象征和意向在透彻了解道教的认知特点上更是具有典型意义。

**12. 道教生态思想及其现代价值研究**

生态文明是当代中国社会的一个关注焦点，也是国际社会讨论较多的热门话题，其中对中国传统宗教中的生态思想加以发掘具有典型意义。在传统中国宗教中，道教的生态思想极为突出，值得深入探讨和系统阐发。对其研究可以从道教生态观的理论、文献、实践三个方面来展开，由此窥见中国传统宗教的奥秘及其与众不同之处，并依此对其特点及意义加以理论说明。

### 13. 世界基督教文献整理、翻译与研究

目前在对各大宗教的文献整理研究中，世界基督教文献整理、翻译相对滞后，而其文献在世界宗教的占比是较大的。以前的文献整理主要集中在中国基督教历史文献，范围相对窄小。因此，应该以时间段或区域为单位，站在中华文明与基督教文明对话互鉴的高度，以国家文化工程的姿态，推动对古典时期、中世纪、近现代和当代基督教思想、礼仪、释经作品的整理、翻译与研究，从而为基督教中国化的释经、神学思想建设提供重要的参考资料。

### 14. 世界基督教的对话研究

当代基督教各宗派之间，以及基督教与其他宗教之间的对话，虽然已经渐入低谷，却仍然值得回顾和总结其经验教训，以重视其产生的社会效果，肯定其促进各宗派间、不同国民之间相互理解上的积极意义。这种研究应该与世界基督教在神学、礼仪与制度上的现代发展结合起来而展开，使其为基督教中国化提供启迪和思考。

### 15. 圣经诠释的通史性研究

圣经诠释是当前学术关注的重点之一，对两千年基督教历史及其神学思想和社会运动有着独特影响，尤其是近代圣经评断学的兴起对于现代基督教的转型起到了重要的推动作用。基督教思想界在消化、吸收并转化圣经评断学提出的挑战后也形成了近现代的革新发展及圣经诠释。这在中国学术界尚缺少贯通性研究。而这一研究对于了解基督教经学与神学变迁的关系有重要启迪，也会对中国化

的圣经诠释学起到重要的参考作用。

**16. 伊斯兰教现代转型研究**

如何理解伊斯兰教与现代性的关系是当今世界一大难题，在当前国际形势中如何促使伊斯兰教适应现代社会，实现其现代性转型有着重大社会意义，关涉当今世界和平与发展，对我国"一带一路"国际合作、伊斯兰教中国化、抵御宗教极端主义等问题也具有重要的现实意义。这一研究的重点是注意从伊斯兰传统内部发掘其自身所蕴含的现代性因素，实现伊斯兰传统与现代文明的会通与交融。在此，其研究的学术蕴含亦极为明显。

**17. 伊斯兰教与"一带一路"合作关系研究**

在"一带一路"沿线尤其是其重点区域，主要信仰伊斯兰教的国家和地区占有较大比重，因此应从这些区域和国别的视角来加强对世界各国伊斯兰教的研究。由于地缘政治、资源储备、历史争端、民族教派等因素，伊斯兰世界往往处于国际冲突和争端的前沿，所谓"伊斯兰潮"巨大地冲击了国际政治舞台、震撼了全世界。我国推动的"一带一路"国际合作，正是应对这一时代发展和社会局势的积极举措，因而对我们的基础理论研究提出了严峻挑战，在实践中也会面对不少"热点"和"难点"，所以需要在应用理论和对策研究层面加强相应的伊斯兰教学术研究。

**18. "亚伯拉罕宗教"关系历史与现实研究**

犹太教与基督教、伊斯兰教被统称为"亚伯拉罕宗教"，三者之间具有深刻的历史渊源关系。其在历史及现实中都有着错综复杂的关联，当前世界诸多热点问题也可以在此找到源头，而今后的世界格局走向在一定程度上也会受到这三教关系的影响。因此，其研究很有必要性和紧迫性，会涉及国际政治与国际关系、中国与以色列及美国的关系、与伊斯兰世界的关系，以及中东问题的斡旋和妥善处理等。这一研究对于世界宗教史、宗教思想史也大有裨益。

**19. 印度教民族主义研究**

自20世纪90年代以来，该问题的研究显示出重要性和迫切性。其研究内容包括分析印度教的当代发展与印度教民族主义的形成，当代印度教与其国内及国际政治的关系，印度教民族主义的政治进化，印度政治中的印度教民族主义思想观念，印度教极端（恐怖）主义的近期发展，印度教民族主义的海外发展等。此外，这一研究还应特别关注印度教民族主义对中印关系的影响，其对华认知和对华政策，并在一定程度上聚焦西藏问题、边界争端和核问题等敏感话题。而当代中印人文交流现状也应在本课题的思考范围之内。

**20. 中国边疆民族地区宗教治理研究**

本课题应从学科理论高度系统总结新中国民族宗教工作的经验，探讨宗教工作、民族工作、群众工作、统战工作和社会工作的有机结合，以及中国民族宗教工作的理论框架、实践路径、服务意识、政策方法等。与此同时，也应识别中国边疆民族地区的宗教风险，研判新问题、新趋势，提出治理对策，服务于"一带一路"国际合作和边疆民族地区社会稳定，推动中国边疆民族地区宗教治理的现代化、科学化、法治化。

总之，上述研究是以问题或课题为构设来理论联系实际地思考中国宗教学"三大体系"即学科体系、学术体系和话语体系的建设规划，即从现实研究及其案例中引出相应的理论思考及体系构设。2021年是习近平总书记关于繁荣哲学社会科学的"5·17"重要讲话发表五周年，宗教学"三大体系"的建设已经进入关键时期，我们一定要坚持马克思主义宗教观的理论指导，坚持积极引导宗教与中国社会主义社会相适应的社会实践，坚持我国宗教发展的"中国化"方向，将这些理论及实践元素融入我们当前的中国宗教学"三大体系"的构建之中，以此体现我们在宗教学发展建设中所起到的创立中国学派、彰显中国特色、展示中国风格、形成中国影响的积极作用。可以说，对中国宗教学的现状分析与前景展望，应该作为我们今后开展中国宗教学"三大体系"建设的基础与始点。这是"十四五"时期中国宗教学发展前进的新任务，是中国文化自觉和自信的重要体现，因此对我们而言乃任重道远，需要我们全力以赴。